Stéphane Allix présente

L'énigme des rêves

par Carine Anselme

Une enquête aux frontières de la conscience

Éditions
de La Martinière

Collection « Expériences extraordinaires »,
dirigée par Stéphane Allix

Dans la même collection :

- *Quand la mort arrive*, par Carine Anselme
- *La réincarnation*, par Miriam Gablier
- *Intuition et 6e sens*, par Jocelin Morisson
- *La voyance*, par Jocelin Morisson
- *L'expérience de mort imminente*, par Jocelin Morisson
- *La conscience de la Nature*, par Alessandra Moro Buronzo
- *Le chamanisme*, par Audrey Mouge
- *Le mystère des guérisseurs*, par Audrey Mouge
- *Les guérisseurs de l'habitat*, par Audrey Mouge
- *Le pouvoir guérisseur de l'amour*, par Audrey Mouge
- *Contact avec l'au-delà*, par Samuel Socquet
- *Enfance et surnaturel*, par Samuel Socquet

Retrouvez-nous sur :
www.editionsdelamartiniere.fr
www.facebook.com/editionsdelamartiniere

ISBN : 978-2-7324-6286-8

Sommaire

Pourquoi ce livre ?

Autour de nous, quantité d'expériences se produisent que nous ne comprenons pas. Ces expériences que nous qualifions d'extraordinaires, voire de *surnaturelles*, nous placent dans une zone frontière de l'esprit humain, un espace où il est aisé de perdre ses repères. Pourtant elles imprègnent nos vies, notre quotidien foisonne de ces moments particuliers, souvent subtils, parfois intenses, qui échappent à toute explication conventionnelle. Aussi ces expériences extraordinaires suscitent-elles deux formes de réactions opposées : rejet ou fascination. Mais pourquoi n'aurions-nous le choix qu'entre ces deux options ? Ce livre vous présente une autre voie, celle de l'enquête journalistique sérieuse et objective.

Vous étiez souvent perdu devant l'absence de références sérieuses sur les phénomènes inexpliqués ? Ce livre répond à ce manque. Je vous propose de découvrir dans les pages qui suivent le fruit d'un véritable travail d'enquête réalisé par un grand reporter ayant abordé son sujet avec rigueur, méthode, et sans idée préconçue.

Avec cet ouvrage accessible qui privilégie le sérieux plutôt que le sensationnel, entrez dans un grand reportage fascinant, où se mêlent des témoignages, des entretiens avec les spécialistes – médecins, chercheurs, etc. – et toutes les références reconnues par la communauté scientifique sur ce *sujet frontière*. Ce livre le démontre : il est possible de s'intéresser à ces expériences que nous n'arrivons pas à expliquer tout en conservant les deux pieds sur terre. Il nous révèle en outre qu'en ces temps de mutations profondes c'est la science elle-même qui nous engage à modifier notre rapport à la réalité. En effet, cette enquête nous invite à une remise en question de nos certitudes, et nous offre de porter un regard différent sur la réalité. Et si l'extraordinaire nous permettait de voir le monde autrement ?

Stéphane Allix
www.inrees.com

L'homme a du génie lorsqu'il rêve.

Akira KUROSAWA

J'ai fait un rêve...

Je sors d'une *khaïma*, la traditionnelle tente nomade. Tout autour, le désert ondule à l'infini, en dunes aux formes sensuelles. Dans un ciel d'aube nacré, les nuages forment des îles, subtil écho aux courbes du paysage. Haut et bas, ciel et terre ne font qu'un. Je sens cette cohérence. Malgré le point du jour, des étoiles éclairent la voûte céleste. Des oiseaux, là-haut, tout là-haut... Posée à l'acmé d'une dune, consciente d'être au creux d'un rêve, j'ouvre les bras. En confiance. Légère comme une plume, cœur et bras déployés, je vole ! Ivre de joie, de liberté, dans un sentiment de paix profonde, je ressens, comme jamais, la caresse de l'air, la beauté de la lumière, les couleurs de l'horizon, le volume des plus infimes détails, l'odeur même du sable. L'immensité du monde. L'éternité du temps...

Intime et pourtant éminemment universel[1], ce rêve *extraordinaire*, surgi en pleine « traversée du désert », au

1. Considéré comme un rêve « typique », universel (à l'instar de perdre ses dents ou d'être nu), voler en rêve reste rare : 1 % des rêves d'après

cœur des marais gluants d'un chaos de vie personnel, a laissé une empreinte plus que vive. Il a été le détonateur d'un changement. *« Le rêve ferme la boucle d'un certain temps de notre vie pour en ouvrir un autre. Il est le signe que quelque chose arrive »*, me confirmera la philosophe et psychanalyste Anne Dufourmantelle, quand je lui évoquerai ce rêve fondateur[1].

Porteur et ferment de ce flux de vie continu, dans lequel il est si difficile de se projeter, le rêve est un révélateur. Il amène à la conscience, sous forme sensible d'images, de mots, concepts, sensations et symboles crépusculaires, ce que l'on ne peut encore (se) formuler dans l'aveuglante lumière des jours.

Je suis une « grande rêveuse »... Du plus loin que je me souvienne, ma vie fleurit de rêves, dont je me souviens fréquemment. Depuis la plus tendre enfance, ils accompagnent mes nuits et inspirent mes jours. Mystérieux, foisonnants, souvent extravagants, ils abritent tour à tour des êtres imaginaires, des forêts profondes, des lieux inconnus, des proches disparus, mais aussi des cataclysmes majeurs et autres rencontres maléfiques... Souvent lucides, ils égrainent des énigmes sibyllines, des détails de génie pour le moins cocasses (voiture-sac à dos, homme-escargot, théâtre de marionnettes vivantes, etc.), des intuitions et des messages-phares, au fil d'improbables scénarios. J'immortalise les plus saillants dans un carnet de rêves. En les relisant, parfois des années plus tard, je

---

les recherches menées par William Domhoff de l'université de Santa Cruz, à qui l'on doit la DreamBank, qui recense actuellement vingt-deux mille récits de rêve.

1. En entretien. Anne Dufourmantelle est l'auteur du livre phare, *Intelligence du rêve,* Paris, Payot & Rivages, coll. « Manuels Payot », 2012.

suis toujours étonnée de leur force, de leur « vivance », de leur inventivité et, parfois, de leur prédiction… Le rêve, vivant, vibrant, se présente à moi comme le métronome des hauts et des bas de l'existence, des vagues et lames de fond du fleuve de l'inconscient. J'y ai découvert des clés essentielles sur le chemin. Des inspirations. Des fulgurances. Des révélations.

Ce thème est donc un… rêve pour moi ! Alors, serait-ce l'imminence, voire l'immanence de ce livre, toujours est-il que jamais le rêve n'a été aussi présent, aussi prégnant, dans le cours des nuits, dans le flot de la vie. Et plus j'éveille mes rêves, plus ils fleurissent, se déploient et prennent sens… et plus je rêve. De même, comme par magie, durant la « gestation » de cet ouvrage, des rêveurs sont venus me rapporter leurs rêves – si certains savaient que je travaillais sur ce sujet, nombre d'entre eux l'ignoraient. C'est que depuis la nuit des temps partager ses rêves crée une reliance, un fil d'or tissé de sens et de résonance, entre les êtres plongés, pour ne pas dire égarés, dans le labyrinthe de l'incarnation.

Alors, à la beauté des rêves !

Et si le rêve, bien plus qu'un épisode du sommeil, était un éveil ?

« Je suis une Lilliputienne, plongée dans une forêt effrayante et entourée de plantes immenses, menaçantes. Tout à coup, je me retrouve piégée dans une toile d'araignée grande comme un réseau de métro… quand déboule une tarentule gigantesque, couverte de poils. Je lui crie des mots venin qui la font recu-

ler. Et là, invariablement, je me réveille ! Ce rêve se répète régulièrement, en boucle, depuis la fin de mon adolescence », confesse Carla, à l'orée de la trentaine, qui dit être marquée par ce rêve répétitif.

« Dans l'univers onirique, tout est possible », souligne, enthousiaste, Monique Tiberghien, psychologue, enseignante de rêve et de rêve lucide[1]. Jamais en panne de scénarios, le rêve, inspiré et inspirant, initiatique même, nous connecte avec l'infini de nos potentialités, au-delà des limitations du corps physique. Pure intelligence, qui n'est pas passée au tamis du mental, des conditionnements, inhibitions et autres interdits, le rêve réconcilie les temps, abolit les distances, anticipe les événements, fait revivre les morts, amplifie les sensations, délivre des messages, solutionne les problèmes, guérit et peut même permettre la télépathie… Il nous ouvre à des mondes inconnus et à des capacités extraordinaires : voler, traverser les murs, marcher sur l'eau ou parler à un serpent, tout est à portée de rêve ! *« Ce que peut le rêve est immense. Réparer, se remémorer, prophétiser, écouter, mettre en garde, terroriser, apaiser, dévoiler, libérer. Et nous permettre d'oublier »*, relève, dans son livre, la psychanalyste Anne Dufourmantelle[2].

Loin des interprétations toutes faites, forcément restrictives, c'est un chemin de connaissance de soi. D'évolution. Une voie d'action à même de nous sortir du marasme et de la glaise de l'immobilisme, du déterminisme, du programmé et de nos schémas récurrents. Un puissant outil de

1. En entretien. Psychothérapeute, Monique Tiberghien est également présidente de l'Eurotas (Association européenne du transpersonnel).
2. Anne Dufourmantelle, *Intelligence du rêve, op. cit.*, p. 11.

créativité, prompt à ensemencer nos vies. Cette ouverture magique, véritable traversée du miroir, offre une perspective élargie de notre quotidien. De notre conscience. Un autre angle de vue – décalé – sur la réalité, les événements, les phénomènes. Sur soi et son « être au monde ». Que de destins, d'œuvres et d'inventions ont trouvé tout ou partie de leur inspiration dans la « levure » du rêve, de la théorie de la relativité d'Einstein au choix de « carrière » de... Descartes, père pourtant du rationalisme !

Une fécondité sans limites... si tant est que l'on puisse « éveiller » le rêve. Des sages de l'Antiquité aux peuples traditionnels, en passant par les yogis ou les pères de la psychanalyse, le travail sur les rêves a traversé les temps. Longtemps restés secrets pour la plupart, ces enseignements s'ouvrent et trouvent leur écho contemporain notamment dans les recherches menées sur les rêves lucides. On peut ainsi apprendre, dit-on, à développer la conscience du rêve – le convoquer, l'orienter, voire le maîtriser ou le modifier. Telle une voie d'éveil.

Cependant, si les récentes découvertes sur le sommeil et le développement des neurosciences ont fait progresser la compréhension de la mécanique onirique, la substance même du rêve demeure nimbée d'une importante part de mystère... La part du rêve ?!

L'attrape-rêves

Si la vie nous prête de vivre jusqu'à 70 ans, nous aurons passé près de vingt-trois ans à dormir, et environ cinq ans à rêver. Le rêve n'est donc pas anecdotique dans le cours d'une destinée.

Mais qu'est-ce qu'un rêve ? À quoi sert-il ? Où nos rêves nous emmènent-ils ? Pourquoi tant de cultures ont-elles porté attention à leurs rêves ? Et quelle place leur accordent-elles, qu'elles soient antiques ou modernes, tibétaines, amérindiennes, neurophysiologiques ou encore psychanalytiques ? Pourquoi certains d'entre nous sont-ils de grands rêveurs, alors que d'autres ne se souviennent pas de leurs rêves (près de 14 % des personnes, d'après une étude récente de l'Inserm, ne se souviennent jamais de leurs rêves) ? Qu'ont-ils à nous dire et comment ramener le rêve à la vie ? Qu'est-ce qu'un rêve lucide et peut-on développer la conscience au cœur de l'expérience du rêve ? Et cætera.

Depuis la nuit des temps, le rêve nous interpelle, nous interroge, nous confronte et nous projette dans un possible en devenir. *« Un rêve qui n'est pas interprété est comme une lettre qui n'a pas été lue »*, affirme le Talmud, soulignant l'importance de l'activité onirique dans l'éveil de toute destinée humaine.

Aux confins de la physiologie, de la psychologie, de la philosophie, de la spiritualité, de l'ethnologie, de la sémiologie (l'étude des signes), de la mythologie ou encore de la parapsychologie, le rêve (et surtout son étude, l'onirologie) comporte d'innombrables portes d'entrée. À l'image même de Morphée, l'un des mille enfants du dieu du Sommeil, Hypnos, qui peut prendre, comme son étymologie l'indique (*morphê*, « forme »), mille et une formes, mille et un visages pour se présenter à nous lors du voyage onirique…

Face à cet obscur objet d'études qu'est le rêve, donnant lieu à tout et son contraire en terme d'hypothèses et de croyances, nous n'avons dès lors d'autres choix que d'être humbles, ouverts et de faire comme lui : multiplier les angles et points de vue pour extraire son suc créatif et atteindre quelque peu, si tant est que cela soit possible, « la proximité » de son mystère, reflet du mystère de la Vie.

Aussi ce livre « attrape-rêves » vous emmène-t-il à la rencontre de cette surréalité à laquelle nous convie l'univers onirique, ainsi que l'appelle André Breton dans son *Premier manifeste du surréalisme.*

Au fil des rites et pratiques autour du rêve (issues du chamanisme, du yoga des rêves, de l'approche des rêves lucides, de la gestalt-thérapie...), de témoignages de rêveurs, de visions plurielles venant de spécialistes (chercheurs, neurologues, thérapeutes par les rêves, psychanalystes, ethnopsychiatres, onirologues, somnologues...), nous vous proposons d'entrer en intimité avec le rêve. Avec vos rêves ! En résonance avec l'énigme onirique du monde.

Car *« plus on travaille l'inconscient par le biais du rêve, plus la conscience devient claire »*, avertit Monique Tiberghien... et plus la conscience devient claire, plus les rêves nous éclairent ! *« Nos rêves nous veillent »*, aime à dire Anne Dufourmantelle.

Pour qu'ainsi, de chrysalide porteuse de l'infini des possibles, le rêve puisse déployer ses ailes créatives et féconder nos vies. Au moment même où j'écris cette phrase, un papillon entre par la fenêtre de mon bureau...

L'étoffe des rêves

Rêver, c'est informer l'avenir.

Gérald NEVEU

Une histoire rêvée

Pour l'écrivain argentin Jorge Luis Borges, *« le rêve est l'art premier »*… Le rêve n'est en effet pas né de la dernière pluie, ni de Freud ! Il n'est ni un apport tardif ni une fioriture de l'histoire. Non, le rêve est au principe même de l'humanité. Aux fondements de la culture. *« Les textes les plus anciens, sans exception – qu'ils soient mésopotamiens, grecs, égyptiens, latins, chinois, etc. – portent mention de récits de rêves »*, relève Anne Dufourmantelle.

« L'homme, ce rêveur définitif », proclamait au monde André Breton, dans son *Manifeste du surréalisme*… À la fois expérience la plus commune aux hommes et la plus mystérieuse, le rêve intrigue et fascine depuis tou-

jours. De fait, malgré des différences de conceptions, d'approches et d'interprétations, les rêves ont occupé une place centrale dans de nombreuses sociétés. Dans la plupart des cultures, on ne doutait pas de l'importance de l'acte de rêver et l'on encourageait l'aptitude à se rappeler les rêves. Déjà, durant la plus haute Antiquité, en Mésopotamie, on disait qu'oublier ses rêves était dangereux et une invocation spécifique permettait d'en raviver le souvenir… Quant au Talmud, qui consacre au rêve des passages entiers, parfois contradictoires, il soutient que quiconque dort sept jours consécutifs sans rêver est appelé « mauvais », dans la mesure où c'est le signe qu'il est méprisé dans le Ciel, *« du fait qu'on ne lui révèle rien »*…

Même la préhistoire n'est pas en reste. *« Tant les derniers hommes de Néandertal, que les premiers hommes de Cro-Magnon, s'intéressaient déjà à leurs rêves… et éprouvaient le besoin de les raconter à leurs semblables »*, souligne Roland Pec, somnologue et psychologue[1]. De très nombreuses peintures pariétales et rupestres, parfois vieilles de plus de trente mille ans, témoignent de cette activité onirique. *« Selon des paléontologues de renom, une proportion importante de scènes de chasse (notamment) représenterait davantage des scénarii de rêves que des faits réels »*, observe Roland Pec.

Mais peut-être faut-il remonter encore plus en amont lorsqu'on évoque la genèse du rêve, qui n'est pas l'apa-

1. Roland Pec est le cofondateur du Centre d'études des troubles du sommeil à la clinique Édith Cavell (Bruxelles). Par sa spécificité, il est à l'articulation entre physiologie et psychologie du rêve. Lors d'un entretien foisonnant, il a ainsi partagé longuement et généreusement les recherches qu'il mène depuis des années sur les rêves, en vue d'écrire un ouvrage.

nage de l'humain ? Les poules rêvent de blé, commente le Talmud… Les animaux à sang chaud, oiseaux et mammifères, eux aussi, rêvent. Or, *« ils étaient là bien avant la venue de l'homme. Ce don de rêver n'appartient pas à l'homme, il le partage avec les autres êtres homéothermes »*, souligne le psychiatre et psychanalyste Pierre Lembeye[1]. Nous sommes porteurs de cette mémoire antédiluvienne…

Dans le cours de l'histoire, l'avènement de l'écriture a permis de conserver des traces, parvenues jusqu'à nous, quant à l'usage et l'interprétation des rêves. Même si diverses thèses cohabitent, il semblerait que l'une des premières traces écrites d'un rêve provienne de Mésopotamie. Elle remonterait au IIIe millénaire av. J.-C. et serait gravée sur la stèle dite « des Vautours ». Une stèle qui raconte comment le roi sumérien Eanatum reçut en songe l'ordre de prendre le pouvoir…

Les rêveurs ont également une place de choix dans l'Ancien Testament. Parmi les grands rêveurs bibliques devant l'Éternel, on épinglera Jacob, petit-fils d'Abraham (fils d'Isaac et Rebecca). Son songe le plus célèbre, l'échelle (Genèse, XXXI, 9-11) aura valeur de prophétie. Le mouvement incessant de deux anges qui grimpent sur l'échelle alors que deux autres la descendent est souvent interprété comme une allégorie du destin du peuple juif, marqué du sceau de l'errance et contraint à composer avec des hauts et des bas abyssaux.

Joseph (l'un des douze fils de Jacob) est un autre rêveur impénitent de la Bible. Rejeté dans sa jeunesse

---

1. En entretien. Pierre Lembeye est l'auteur de *L'homme descend du songe*, Buchet/Chastel, 2005.

par les siens en raison de ses rêves de mauvais augure, sa capacité à rêver et son don d'interprétation (oniromancie ou divination par les songes) lui vaudront de devenir plus tard un proche du Pharaon. Ce dernier ayant eu vent de ses prédispositions hors normes lui confia deux rêves qui le hantaient (Genèse, de XLI, 1-7 à XLI, 24). Dans le premier rêve (dit des vaches grasses et des vaches maigres), sept vaches grasses sortent du Nil, suivies par sept vaches maigres, les dernières finissant par dévorer les premières. Dans le second (dit des sept épis de blé), sept épis pleins s'élèvent sur une seule tige, suivis par sept épis maigres, les derniers engloutissant les premiers. Joseph voit dans ces deux rêves un seul et même présage : l'Égypte vivra sept années fastueuses, suivies de sept années de famine. Il en tire un conseil plein de sagesse : il faut engranger tant que possible, ce afin d'être en mesure d'affronter la période de disette annoncée. Le Pharaon le charge alors de cette délicate mission… et, les prédictions se réalisant, il gagnera du galon : Joseph deviendra vice-roi d'Égypte.

« Le rêve biblique se déroule dans le monde intermédiaire des anges. Il est par essence un message envoyé par le Dieu unique. Conseil, avertissement, ordre, interdit, prémonition, prophétie, le but est d'aider le simple mortel – celui qui le mérite, du moins – à y voir plus clair, à s'orienter dans un monde dont le sens profond lui échappe, inévitablement. Muni de cette boussole divine, il peut, dès lors, évaluer correctement les termes des choix qui s'offrent à lui. Et s'exercera, ensuite, son libre arbitre », éclaire Roland Pec.

De fait, l'Antiquité est une période faste pour les rêves, perçus comme des phares divins dans la nuit de la destinée humaine. Des portes prophétiques entrebâillées sur le futur. *« Le dieu a créé les rêves pour indiquer la route au dormeur dont les yeux sont dans l'obscurité »*, peut-on lire sur le *Papyrus Insinger*, ce manuscrit phare, daté approximativement du IIe siècle av. J.-C., qui condense la sagesse de l'Égypte antique. Les prêtres égyptiens, appelés « maîtres des choses secrètes », étaient considérés comme des intermédiaires, à même d'interpréter et de délivrer la clé des songes. Le rêveur grec antique, lui, ne *fait* pas un rêve, il *voit* le rêve : Oneiros (littéralement « qui voit le rêve »), le dieu des Rêves, venait en effet visiter le dormeur, dans le but de lui transmettre un oracle.

« Dans le monde antique, le songe est une communication surnaturelle par laquelle la divinité parle à l'âme pour lui faire connaître sa volonté ou lui révéler ce qu'elle doit savoir pour engager ses actes. Deux temps sont classiquement décrits : l'observation des signes (oniroscopie) et l'interprétation des rêves (onirocritique). La poésie, la littérature et les tragédies antiques nous offrent de nombreux aperçus sur la nature des songes », précise Serge Tribolet, docteur en philosophie, psychiatre des hôpitaux à Paris[1].

Roland Pec en profite pour souligner un dénominateur commun : *« Dans les modèles oniromythiques (biblique, antique, mais aussi traditionnel), le monde d'où surgissent les rêves est invisible. Ce monde invisible est surnaturel et extérieur au dormeur. Soit l'âme du rêveur rend visite à un être surnaturel, soit c'est ce dernier qui lui rend visite. Enfin, les rêves ont pour fonction d'annoncer l'avenir. »* Une exception cependant à cette vision : Aristote, auteur de deux ouvrages sur le sujet – *De l'interprétation des rêves* et *Des*

1. Serge Tribolet, *Inexploré*, n° 10, avril-juin 2011, p. 28.

rêves – affirmait haut et fort, au VIe siècle av. J.-C., que le rêve n'était pas issu d'une révélation surnaturelle, mais qu'il découlait, tout au contraire, de l'esprit humain (« de l'activité d'âme de celui qui dort »). Il était très en avance sur son temps, puisque cette théorie « intérieure » prévaut largement en Occident de nos jours.

Mais ces visites divines dans le repli du sommeil – communément admises durant l'Antiquité – même si elles proviennent de l'extérieur, ne font pourtant pas de l'homme un sujet passif face aux révélations ou aux injonctions oraculaires. Il n'est pas la marionnette de la volonté divine. Au contraire, il est amené à prendre ses responsabilités, à faire des choix et poser des actes. *« C'est caractéristique de l'Antiquité : le message symbolique du rêve est totalement ignoré, seule compte la prédiction concrète »*, relève Roland Pec.

« Le rêve est l'antichambre de l'action », spécifie Anne Dufourmantelle[1]. Cette mise en branle de l'être, grâce au message onirique, est toujours d'actualité dans de nombreuses cultures et approches du rêve. *« J'ai grandi en Égypte. Là-bas, un rêve égale une action. Tout l'enjeu est d'accompagner le rêve : l'ébauche de la nuit va ainsi poursuivre son œuvre grâce à une personne qui va interpréter le rêve, et cela donnera lieu à une action à accomplir, régénérant notre présence au monde »*, partage ainsi l'ethnopsychiatre Tobie Nathan, qui place ce paradigme au cœur de son approche du rêve[2].

1. En entretien.
2. En conférence, *À quoi sert le rêve*, INREES, 29 avril 2014. Tobie Nathan est l'auteur de *La Nouvelle Interprétation des rêves*, Odile Jacob, 2011.

Pour en revenir à cette Antiquité rêveuse, il faut savoir que tous les rêves ne se valent pas. Dans *L'Odyssée* d'Homère (qui, au passage, accordait plus de valeur aux songes matinaux, à l'image de ce qui est d'usage dans différentes cultures), il est ainsi précisé, par la bouche de Pénélope, que les rêves surgissent des Enfers – le royaume des morts (où séjournent Hypnos et son frère jumeau Thanatos), en franchissant deux portes distinctes. Si les rêves passent par la « porte de corne », c'est que la prophétie est vraie : ces rêves laissent, alors, au réveil, la conviction qu'il faut en tenir compte. En revanche, si les rêves passent par la « porte d'ivoire », c'est que la prophétie est fausse : il ne faut, alors, y prêter aucune attention, car ils ne sont que chimères.

Pour mettre toutes les chances de son côté d'obtenir des songes signifiants, aucun détail n'est laissé au hasard, tout particulièrement dans la Grèce antique… Ainsi, l'emplacement et tous les aspects des temples, conçus comme de véritables « incubateurs à rêves », sont-ils pensés de façon tant à mobiliser et stimuler le fonctionnement de l'esprit inconscient qu'à invoquer les esprits. D'autant plus lorsque l'enjeu est d'obtenir la guérison. Les cérémonies d'invocation ou « d'incubation » donnent alors lieu à des rituels complexes (techniques pour préparer un sommeil « de rêve », induction, instructions hygiéniques et alimentaires, prières…), guidés par des initiés, notamment au sein des fameux temples dédiés à Asclépios, dieu de la Médecine. À l'apogée de leur popularité, ces centres asclépiens pour l'incubation des rêves se comptent par centaines ; le plus célèbre étant le temple d'Épidaure. Ces rituels ne sont pas sans rappeler les pratiques chamaniques, encore d'actualité de nos jours.

Parmi les temps forts de l'histoire du rêve, impossible de faire l'impasse sur l'Antiquité tardive qui a vu émerger quelques onirocrites (personnes interprétant les rêves) de renom, dont l'écho nous parvient encore aujourd'hui. En tête de ces génies du rêve, on trouve Artémidore d'Éphèse, onirocrite grec du IIe siècle apr. J.-C. et son fameux *Oneirokritika* (« L'interprétation des rêves »), véritable « best-seller » des clefs des songes, tels qu'on appelait ces dictionnaires des rêves. Artémidore a rencontré les devins, compilé des témoignages recueillis lors de ses voyages dans tout le bassin méditerranéen. En tout, il décrit plus de trois mille rêves (dont une part non négligeable concerne des rêves sexuels). Cette somme de cinq livres en grec consacrés à l'art d'interpréter les rêves reste une référence. Ce recueil a notamment été lu et a inspiré les recherches de Sigmund Freud, père de l'analyse psychanalytique des rêves. Michel Foucault, lui, a fait une exégèse de l'*Oneirokritika* dans son *Histoire de la sexualité*, sur le thème de « Rêver ses plaisirs ». Originalité, la méthode d'Artémidore s'appuie sur le jeu des associations, toujours en vigueur aujourd'hui dans l'interprétation des rêves. Avec une précision de taille : *« Artémidore n'utilise pas le matériel associatif personnel. Il lui préfère les mythes (traitant des dieux et des héros), les œuvres littéraires, les locutions… C'est que la psychologie n'existe tout simplement pas encore dans l'Antiquité ! La problématique individuelle est extrêmement limitée, puisque l'individu est relié au grand tout »*, précise Roland Pec. Ce lien aux symboles et aux mythes évoque l'approche des rêves selon Carl Gustav Jung.

Mais si Artémidore ne prend pas en compte les caractéristiques du rêveur lui-même, l'onirocritique (l'art d'interpréter) ne s'intéresse que davantage à sa situation concrète, sa position dans l'existence. Le même rêve pouvant, dès lors, avoir une signification tout à fait différente selon les contextes. *« Ce qui est d'une grande modernité »*, s'enthousiasme Roland Pec. Voici un exemple concret, repris sous la plume d'Edmond Le Blant dans son *Artémidore*, publié en 1899 : *« Pour celui qui s'apprêtait à entreprendre un voyage en mer, rêver qu'il devait être crucifié constituait un présage favorable. La croix était en effet réputée pour conjurer le danger, car, comme le bateau, elle était faite de bois, et aussi, car les mâts des bateaux représentaient des croix. Pour les hommes qui ne devaient pas voyager en mer, la croix prenait au contraire une tout autre signification, particulièrement négative. »*

Pour Tobie Nathan, Artémidore, dont, dit-il, *« le texte a été généreusement pillé depuis l'Antiquité »*, est sans doute l'un des derniers à s'être vraiment intéressé au rêve en tant que tel. *« Même la neurophysiologie actuelle ne s'intéresse pas au rêve lui-même, mais plutôt au sommeil. Le rêve n'intervient véritablement que s'il est mêlé aux fonctionnement et dysfonctionnements du sommeil »*, regrette-t-il[1].

Quant au psychanalyste Pierre Lembeye, il concède, à l'instar de Tobie Nathan, que *« le rêve a, depuis l'Antiquité, subi une démythologisation, une désacralisation, un désenchantement sous couvert du progrès »*. Il nous convie chaleureusement à retrouver l'enchantement onirique. *« C'est notre exercice essentiel »*, assure-t-il[2].

1. Conférence INREES avec Tobie Nathan, *À quoi sert le rêve ? op. cit.*
2. En entretien.

Anne Dufourmantelle, qui accompagne ses patients afin qu'ils puissent s'ouvrir à l'intelligence des rêves, messagers de notre plus secrète identité, note, à son tour, que notre époque ne s'intéresse globalement pas au rêve. *« Même en psychanalyse, on traite un peu le rêve par-dessus la jambe ! On y a progressivement oublié l'importance de ce médium et sa fonction. En n'articulant le rêve qu'au refoulement et au trauma, à la partie la plus réprimée de nous, la psychanalyse oublie ce dont la Renaissance, période faste s'il en est pour le rêve, s'est souvenue : le rêve est une fonction de l'imaginaire au sens de Bergson – une fonction créative. »* L'occasion d'évoquer que la Renaissance portait en effet une attention particulière aux états intermédiaires, entre veille et sommeil, avant la mort (etc.), plaçant *de facto* le rêve sous les feux de la rampe. *« Par contre, du coup, on diabolisait aussi le rêve : il était divin, mais aussi possiblement démoniaque. Cela pouvait mener au bûcher ! Cette dimension spirituelle, à la fois bienfaisante et menaçante – présente dans tous les textes de sagesse de l'humanité (Bible, en tête) –, s'est considérablement perdue après le XVIIIe siècle. Il est rare de nos jours de rencontrer des personnes qui disent : ma vie va vraiment mieux, parce que je chemine avec mes rêves »*, déplore Anne Dufourmantelle[1].

Le renouveau de l'intérêt pour le rêve pourrait paradoxalement venir des cultures traditionnelles… Face à l'urgence résultant de l'état délétère du monde et de la disparition progressive des peuples traditionnels, des enseignements secrets (issus du bouddhisme, du soufisme,

1. En entretien. Anne Dufourmantelle a publié une série d'articles passionnants dans *Philosophie magazine*, en marge de l'exposition « La Renaissance et le Rêve » (Paris, musée du Luxembourg, 9 octobre 2013 au 26 janvier 2014).

du taoïsme, du chamanisme, et même de la kabbale), jusqu'alors réservés à quelques rares initiés et où le rêve tient une place de choix, s'ouvrent peu à peu.

Ainsi en est-il, par exemple, du yoga des rêves tibétain, qui propose une « pratique de la nuit », destinée à éveiller la conscience au sein du rêve. Ce yoga du rêve est enseigné en Occident notamment par le biais de Namkhai Norbu Rinpoché, auteur d'un livre phare sur le sujet[1].

Cette pratique de vigilance et de pleine conscience trouve une résonance actuelle dans les recherches pionnières sur le rêve lucide, menées entre autres par Stephen LaBerge, à l'université de Stanford et au Lucidity Institute.

Comme le disait Henry David Thoreau : *« Notre vie la plus authentique n'est que lorsque nous sommes conscients dans nos rêves. »* Éveillons donc nos rêves… au risque merveilleux de l'Éveil !

Qu'est-ce que le rêve ?

Quelle question !? Vertigineuse, s'il en est ! Insaisissable, même… *« Le rêve est une hypothèse, puisque nous ne le connaissons jamais que par le souvenir »*, pointe, avec lucidité, Paul Valéry. Et encore, puisqu'une grande partie de nos rêves nous échappe et se perd dans la nuit de l'oubli.

La connaissance de plus en plus précise des mécanismes du sommeil, auquel est intrinsèquement lié le rêve, n'a

1. Namkhai Norbu, *Le Yoga du rêve*, Accarias L'Originel, 2012.

pas encore permis d'élucider complètement le « pourquoi », ni de cerner avec précision l'étoffe des rêves. *« Sans doute parce qu'il s'agit de la plus grande énigme que le cerveau rêveur propose au cerveau éveillé »*, avance Michel Jouvet, le grand spécialiste de la neurobiologie des rêves, père de l'onirologie (science qui étudie les rêves), qui a consacré sa vie à l'étude des mécanismes oniriques et des cycles du sommeil[1].

Si l'imagerie neurofonctionnelle semble être devenue la nouvelle « frontière » des chercheurs de rêves, elle ne révèle néanmoins pas tout ! *« Il est encore loin le temps où nous serons en mesure de "filmer" le rêve d'un dormeur. Et c'est tant mieux. Ce serait faire voler en éclats la notion même d'altérité ! Tant les frontières d'autrui seraient, de la sorte, délitées. Tant l'intimité se verrait, ainsi, offerte, en pâture. Une intimité à ce point intime qu'elle échappe souvent à la conscience du rêveur lui-même »*, soutient Roland Pec.

Comme l'essence du rêve demeure impénétrable et reste au cours de l'histoire en grande partie fondée sur des croyances, les avis scientifiques évoluent et divergent au gré des découvertes quant à ce qu'est véritablement le rêve et ce à quoi il peut bien servir… s'il sert à quelque chose – certains chercheurs allant jusqu'à affirmer que le rêve ne serait que « déchet » neurologique de la nuit…

« Il est dangereux de croire que l'on peut réifier les choses psychologiques. Le fait que les rêves ne s'observent pas directement constitue de facto *un frein à la recherche scientifique. Il existe des processus, des connaissances, des compétences qui ne sont pas observables à proprement parler : prenez le rêve*

1. Michel Jouvet, *Le Sommeil et le Rêve*, Poches Odile Jacob, 2000, p. 11.

(tout comme la mémoire), vous ne pouvez pas dire que vous "voyez" le rêve, vous l'inférez de ce que la personne vous en dit », relève Jacques Montangero, professeur honoraire en psychologie à l'université de Genève, où il gère un laboratoire d'étude du rêve[1].

Dans la tentative d'une définition, même les dictionnaires tâtonnent et reflètent cette disparité de points de vue. Certains, ainsi, accentuent le lien au sommeil, d'autres mettent en exergue la mémorisation (très) partielle de cette « production psychique », tandis que d'autres encore valorisent l'intrication avec l'inconscient ou pointent la dimension biologique du rêve.

Par nature, le rêve s'inscrit à cheval sur différents niveaux de l'être : le somatique, le psychologique, voire le spirituel, si on l'envisage comme un « outil » d'évolution. Il est à la frontière entre notre être de chair et notre esprit, mais aussi à l'articulation entre l'ici et maintenant et les autres temps, entre le réel et nos aspirations… Peut-être le rêve fait-il office de pont et nous permet-il de « divaguer » (l'étymologie de rêver renvoie à « vagabonder ») entre ces mondes ? *« L'enjeu de toute vie est d'œuvrer pour une réconciliation des différentes dimensions de l'être humain. Il y a un travail essentiel à faire sur le plan de la conscience pour vaincre une certaine dislocation intérieure. Et dans ce cheminement, le rêve peut offrir une voie d'accès et de reliance »*, partage Jean-Yves Quellec, prieur au monastère de Clerlande (Belgique) et auteur-poète, qui a consacré sa vie et sa voie à l'éveil de conscience[2].

1. Jacques Montangero, « La Tête au carré », France Inter, émission présentée par Mathieu Vidard, 12 juin 2013.
2. En entretien.

Pour William James, le fondateur de la psychophysiologie, le rêve (tout comme le sommeil) est l'un des phénomènes où *« l'intrication entre le psychologique et le physiologique est la plus indissociable »*. Cette allégation vient souligner l'évolution de la perception de la nature et de la provenance du rêve. Si par le passé (Antiquité, en tête), mais aussi dans les cultures traditionnelles, le rêve provient d'un monde – surnaturel, divin – extérieur au rêveur et augure de l'avenir, en Occident prévaut aujourd'hui largement le modèle *onirologique*, autrement dit scientifique, où le rêve procède d'un monde intérieur, localisé dans le tissu cérébral (selon la neurobiologie) ou provenant de l'inconscient (selon la psychanalyse). Et s'il renseigne sur quelque chose, c'est en lien avec le passé. Mais même là, les avis divergent, comme nous le verrons plus loin…

Si l'on veut tenter une définition plus précise, citons Pierre-Hervé Luppi, qui a succédé à Michel Jouvet à la tête du Centre de recherche en neurosciences de Lyon : *« Le rêve est une production mentale élaborée, impliquant des hallucinations, un scénario, des mouvements ainsi que des émotions »*, a-t-il divulgué lors d'un congrès sur le sommeil, qui a eu lieu en 2012, à Lyon.

Le rêve serait-il alors une pure production de notre cerveau ? *« Je répondrais oui… sauf qu'on ne sait pas ce qu'est exactement le cerveau ! Même les neurobiologistes s'accordent à dire qu'à peine 30 %* [du cerveau] *a été décrypté. Qu'il y ait un soubassement matériel et qu'on puisse, par exemple, isoler dans le cortex le lieu des rêves, oui. Mais je crois que nous en sommes aux balbutiements quant aux interactions possibles, notamment avec la mémoire »*, souligne la philosophe et psychanalyste Anne Dufourmantelle[1].

Pour le professeur Jacques Montangero, il semble évident que le rêve est *« le produit de la pensée pendant le sommeil »*. Afin de mieux en saisir la teneur, les chercheurs en psychologie cognitive (soit l'étude des mécanismes de la pensée, de la mémoire, de la conscience) se penchent de nos jours sur la « matière » des rêves – autrement dit, ils étudient les récits rapportés par les dormeurs. Quand on a recueilli ces récits (soit dans les laboratoires de sommeil ou, de plus en plus souvent, au domicile des rêveurs, grâce à un « bonnet de nuit » truffé de capteurs, qui a le mérite d'être aussi léger que sophistiqué), on les consigne dans des banques de rêves, en évaluant leur richesse, la capacité à s'en souvenir, leur corrélation avec les stades de sommeil, etc. *« Une manière pour l'étude des rêves de s'ancrer dans le réel »*, souligne Isabelle Arnulf, neurologue, directrice de l'unité des pathologies du sommeil à l'hôpital de la Pitié-Salpêtrière, à Paris. Ce réel, si cher à la science, s'entrouvre alors sur un monde extraordinaire où voisinent des inventaires de détails à la Prévert, des situations ubuesques, des espaces inconnus, des envols à vingt mille lieues au-dessus de la Terre… des expériences qui dépassent de loin les capacités de l'imagination humaine en éveil.

Et comme la vérité, paraît-il, sort de la bouche des enfants, et qu'aucun adulte n'a fourni de définition absolue, donnons la parole à Titouan, 6 ans, qui a résolu, lui, l'énigme du rêve. Ce fils d'un ami est venu me trouver quand il m'a entendu dire que je travaillais à

---

1. En entretien.

un livre sur cette thématique : *« Tu sais, le rêve, c'est comme un film magique qu'on peut regarder sans bouger du lit. En plus, c'est moi l'acteur ! J'aime bien, mais parfois j'ai peur »*, partage-t-il. À méditer…

À quoi sert le rêve ?

Tout naturellement, se pencher sur la nature du rêve nous amène à sa fonction. À cette question aussi légitime qu'irrésolue, il n'y a pas, non plus, de réponse définitive. *« Nombre d'hypothèses plausibles ont été avancées, mais aucune n'est totalement convaincante »*, estime le psychiatre Ernest Hartmann dans *The Nature and Functions of Dreaming*[1]. Ainsi, à travers les époques et selon la spécialité de ceux qui tentent d'y répondre, les hypothèses vont-elles varier. Les Anciens, comme on l'a vu, y décèlent un message divin, porteur de « clé des songes » que seuls des initiés peuvent décrypter. Certains psychanalystes y voient une soupape à nos désirs cachés, refoulés, *« un protecteur du sommeil »* (Freud). Quant aux anthropologues, qui placent la relation au cœur de leurs préoccupations, nombre d'entre eux avancent que le rêve sert à faire du lien entre les hommes pour un « mieux vivre ensemble »…

Le psychologue et psychanalyste Norbert Sillamy se risque, dans le *Dictionnaire de la psychologie*, à cerner, certes de manière généraliste, cette fonction du rêve : *« Maintenir l'équilibre mental, décharger les tensions psychologiques, harmoniser les différents niveaux de la vie psychique*[2]. *»*

1. Ernest Hartmann, *The Nature and Functions of Dreaming*, Oxford University Press, 2011.
2. Larousse, 2003.

Au final, c'est le rôle du rêve (et du sommeil) dans les processus d'apprentissage, de traitement de l'information, de mémorisation ou de consolidation de la mémoire qui est l'un des plus étayés, grâce aux travaux d'imagerie fonctionnelle couplés à la neuropsychologie. De nombreuses recherches ont ainsi mis en évidence que durant la nuit, alors que le corps est au repos, le cerveau continue à « s'agiter ». Tout laisse donc à penser qu'il intègre et assimile des informations de la journée.

Mais allons plus loin, dans cette fonction du rêve… En révélant que le fœtus rêve, le célèbre neurobiologiste Jean-Pierre Changeux, auteur de *L'Homme neuronal*[1], a pointé l'importance du rêve dans « l'apprentissage », si l'on peut parler ainsi, des comportements instinctuels, dont le petit d'homme aura besoin pour sa survie dès sa venue au monde, comme le *grasping* (agripper) ou le fait de téter. Des comportements instinctuels « rêvés » qui existent aussi au cœur de l'activité onirique des animaux homéothermes.

Il est donc dans notre « nature » de rêver. C'est ce constat qui a mené l'onirologue Michel Jouvet à cerner la fonction du rêve qui permettrait, selon lui, de reconnecter l'individu avec son propre programme génétique. L'ethnopsychiatre Tobie Nathan approfondit ce sillon en voyant, dans le rêve, *« ce filet de liberté qui s'infiltre entre les espaces codifiés de notre monde »*. Une sorte de rattrapage nécessaire, qui nous reconnecte à notre liberté originelle, notre nature instinctuelle ! *« Chaque individu est singulier. Le rêve vient contrecarrer tout ce qui a été construit, poli, aménagé, uniformisé par la vie éveillée, en société. Pour*

1. Jean-Pierre Changeux, *L'Homme neuronal*, Fayard Pluriel, 2012.

imager, nous vivons comme des termites… dans le rêve, nous redevenons notre ancêtre, le babouin ! Ainsi, nous rebranchons-nous à notre originalité foncière ; ce en quoi chaque individu diffère de tous les autres. Cette hypothèse biologique rejoint les préoccupations qui sont les miennes, et qui convergent dans le questionnement : qui suis-je[1] *?* »

Ainsi, dans ce formidable espace de liberté, qui nous permet d'accueillir de l'inédit, du nouveau, reconsolide-t-on, nuit après nuit, rêve après rêve, notre individualité. Notre être au monde.

Mais si nombre de chercheurs tentent de cerner la fonction du rêve, certains se sont tout bonnement débarrassés de cette question, en cantonnant le rêve à une futile écume des profondeurs… Des pensées qui transiteraient *différemment* du jour (ou plutôt de l'éveil), au gré des circuits neuronaux disponibles selon les phases du sommeil, suscitant donc l'étonnement du rêveur, peu habitué à ces scenarii hors du commun, mais sans signification particulière. Une autre hypothèse a le vent en poupe, depuis le milieu des années 1990. Selon notamment deux chercheurs de renom, Allan Hobson et Robert McCarley, le rêve ne servirait à rien et ne représenterait que… l'« *urine du cerveau* ». « *Le rêve serait, d'après eux, la scorie des vidange/graissage quotidiens, dont bénéficient les circuits de neurones qui nous ont le mieux servi la veille* », relate Roland Pec. Une vision du rêve exclusivement neurobiologique, donc, excluant toute approche psychologique.

Mais ne serait-ce pas nier alors l'intelligence du rêve ? « *C'est une fonction-clé, selon moi. Je pense, en effet, que le rêve s'articule à une certaine intelligence du monde. Ainsi,*

1. Conférence INREES avec Tobie Nathan, *À quoi sert le rêve ? op. cit.*

dans ma pratique suis-je frappée que lorsqu'il opère un retour sur des traumas, il ne propose certes peut-être pas la solution telle quelle, mais des voies résolutives. Même quand il prend la forme d'un cauchemar, il n'est généralement pas dans la reconduction du trauma et, pourtant, des indications émergent », s'émerveille Anne Dufourmantelle[1].

Alors, dans le flou qui entoure encore le phénomène onirique, une certitude se dessine : au cours des dernières années, plusieurs études ont mis en évidence la nécessité du rêve dans notre équilibre psychique. Pour le Pr Ernest Hartmann, le rêve aurait ainsi une fonction fondamentale : il permettrait d'assimiler et de métaboliser les émotions ressenties lors de l'état éveillé. Pour imager, on pourrait dire que c'est comme un bout de pâte à modeler neutre qu'il faudrait malaxer pour qu'il se fonde à une masse déjà pleine de couleurs différentes. La boule multicolore symbolisant l'unité de la pensée émotionnelle. *« Les connexions ne sont pas faites au hasard. Elles sont guidées par les émotions du rêveur »*, décrypte-t-il dans *The Nature and Functions of Dreaming*[2]. Lorsqu'une image suscite une émotion forte, à même d'ailleurs de se répéter d'un rêve à l'autre, elle traduirait, selon lui, *« l'expression des préoccupations émotionnelles du rêveur »*.

Aussi, ouvrons les bras à Morphée ! Accueillons le songe, même s'il n'a pas entièrement dévoilé aux voyageurs de la nuit, ni aux chercheurs de rêves toute sa teneur, toute l'ampleur de son mystère. *« Cet usage de l'Occident "pensant" qui instrumentalise les songes empêche*

1. En entretien.
2. Ernest Hartmann, *The Nature and Functions of Dreaming, op. cit.*

d'envisager le monde du rêve dans son appartenance à la continuité de l'être dans le monde », met en garde Pierre Lembeye[1]. Dont acte.

La conscience en éveil au cœur du sommeil

« Au gré de mes rêves, je parle avec mon grand-père décédé depuis des années, je saute de falaises sans me blesser, je traverse les murs, il m'arrive même de combattre des créatures bizarroïdes ! Pourtant, aussi étrange que cela puisse paraître, je perçois mes rêves comme plus réels que le réel, tant ils sont fouillés, détaillés, clairvoyants et ponctués de sensations exacerbées. J'ai l'impression que ma conscience est plus aiguisée, infiniment plus ample, que dans la vie éveillée », partage Aliocha, profondément émerveillé par cette « vie » qui éclaire ses nuits, qui lui sert d'ailleurs de matériau à sa thérapie.

Son témoignage nous renvoie à des questions essentielles, encore nimbées de zones d'ombre. Qu'advient-il de la conscience lorsque nous rêvons ? Est-elle « endormie » ou, au contraire, en éveil ? Dans un éveil tel qu'il jetterait une passerelle vers d'autres dimensions de l'esprit, du réel, de la matière ? Le rêve serait-il un état de conscience modifié – un voyage hors du monde ordinaire nous ouvrant à des perceptions, à des capacités autres que celles auxquelles nous avons accès à l'état de veille ?

Plus vertigineux encore : et si nous rêvions notre vie diurne… et que nos rêves étaient, eux, la « vraie » vie ? Comme dans ces tribus amérindiennes, où l'on

1. En entretien.

est convaincu de poursuivre le matin, au réveil, le rêve que l'on avait interrompu le soir, au moment de l'endormissement… alors que les rêves nocturnes, eux, sont pris pour la vie réelle !

Et que dire de la question abyssale que soulève le fameux « rêve du papillon » du sage taoïste Tchouang-Tseu qui, au réveil, après une nuit où il a rêvé qu'il était un lépidoptère qui, à son tour s'endort et rêve, s'interroge : est-il un homme qui rêve qu'il est un papillon… ou un papillon qui rêve qu'il est un homme ?

À tous ces questionnements, la science n'apporte aujourd'hui encore que des réponses parcellaires. *« Comprendre ce qu'est la conscience onirique est la dernière frontière de la neurobiologie – plus loin encore, sans doute, que la compréhension de la conscience éveillée »*, ne cesse de clamer l'onirologue Michel Jouvet. Comprendre la conscience demeure, en effet, l'une des grandes énigmes qui interroge et confronte, au propre comme au figuré, nos scientifiques : comprendre l'origine de l'Univers, de la matière, et par là comprendre notre capacité de penser, percevoir, rêver…

« Depuis la nuit des temps, l'homme s'est posé des questions sur sa conscience ; en état de veille, de sommeil (en lien avec le rêve), mais aussi dans ces entre-deux que sont les états de conscience altérés. On a dit beaucoup de choses et leur contraire depuis l'Antiquité ! Maintenant, c'est devenu une science (hard science), portée par des outils tels le PET scan, l'IRM, l'électroencéphalographie (EEG – le cerveau étant un organe électrique), la TMS (stimulation magnétique transcrânienne, où l'on va exciter la matière grise et voir la réponse du cerveau). Cependant, même si les avancées sont considérables et que l'on a compris beaucoup de choses, ces

questions touchent encore à des dimensions métaphysiques et philosophiques. Il faut avoir l'humilité de dire que l'on ne comprend pas comment *la matière peut devenir pensée, subjectivité, rêve… Autrement dit, nous n'avons pas décrypté le code neuronal de la conscience* », reconnaît Steven Laureys, l'un des chercheurs les plus avancés en matière de recherches sur la conscience[1].

En travaillant sur cette double problématique, scientifique et clinique, autour de la conscience et de l'inconscience, l'équipe du professeur Laureys a notamment découvert que pour être conscient il ne faut pas tout le cerveau. Selon ces chercheurs, il y a certes un réseau de la conscience, mais seules certaines régions du cerveau s'avèrent nécessaires et suffisantes pour être conscient. Et cela vient opportunément alimenter notre questionnement sur « conscience et rêve », au travers notamment d'une étude spécifique menée en 2011 par son équipe, portant sur un échantillon de onze sujets (six en état de conscience minimale et cinq en état végétatif, plus spécifiquement nommé « éveil non répondant »). Afin de déterminer la structure du sommeil chez ces deux types de patients, les chercheurs du cyclotron ont fait appel à l'électroencéphalographie (EEG). Si l'EEG a révélé que l'activité électrique du cerveau différait très peu entre le sommeil et l'éveil chez les patients en état d'éveil non répondant, le sommeil des patients en état de conscience minimale présentait des caractéristiques très proches du sommeil normal chez le sujet sain. Il est apparu que ces

1. En entretien. Ce directeur de recherches au FNRS dirige le Coma Science Group au Centre de recherches du cyclotron à l'Université de Liège (Belgique), à la pointe de la neuro-imagerie fonctionnelle, et est neurologue au CHU de Liège.

patients produisaient du sommeil lent et du sommeil paradoxal, ouvrant la voie à l'activité onirique. « *Tout indique donc qu'ils ont accès au rêve. Par conséquent, on peut légitimement supposer qu'ils disposent encore d'une forme de conscience de soi en plus d'une certaine conscience du monde extérieur* », souligne le professeur Steven Laureys. Outre bousculer nos certitudes sur : « qu'est-ce qu'être conscient ? », ces recherches de pointe viennent témoigner de ce lien entre rêve et conscience, jusqu'aux extrémités de cet entre-deux propre aux états altérés de conscience. Mettant dès lors en lumière une question fondamentale : celle des frontières de notre conscience. Que nos rêves viennent interroger, pour ne pas dire reculer.

L'onirologie (la science qui étudie les rêves) s'inscrit précisément comme une science des frontières, mêlant le corps et l'esprit, physiologie et psychologie. Une science encore « verte », tant elle est jeune. « *Jusqu'à une date récente, les rêves étaient juste des récits, des objets littéraires* », aime à souligner le psychanalyste Marc-Alain Descamps[1]. Leur statut d'objet de recherche scientifique est donc récent. Et leur étude vient se confondre avec la somnologie, qui se penche sur l'étude du sommeil, de ses cycles et de ses troubles, rendue possible depuis la mise au point des méthodes d'exploration de l'activité électrique produite par les cellules nerveuses de la surface du cerveau, le cortex. « *On peut maintenant utiliser l'imagerie fonctionnelle pour "voir" les régions activées dans tel ou tel état de conscience* », précise le Pr Isabelle Arnulf[2].

1. Magazine de l'INREES, *2E* (nommé aujourd'hui *Inexploré*), n° 10, avril-juin 2011, p. 18.
2. Isabelle Arnulf, *Comment rêvons-nous ?*, Le Pommier, coll. « Les Petites Pommes du Savoir », 2004, p. 19.

Il s'est donc produit un changement de paradigme à propos des rêves. La neurophysiologie a promu une approche objective et expérimentale des rêves. La recherche du sens qui caractérisait la psychanalyse a quelque peu été délaissée, dans la foulée.

Sans refaire toute l'histoire de ces recherches, épinglons-en les temps forts qui impactent sur le fil des rêves. L'étude du sommeil a réellement démarré par des recherches sur… un dysfonctionnement majeur, en lien avec l'effroyable épidémie de grippe espagnole qui décima des millions de personnes à la sortie de la Première Guerre mondiale. On décela, chez certains survivants, une complication étonnante, l'encéphalite léthargique… proche de l'éternel sommeil de la Belle au bois dormant (pas du vrai sommeil, mais plutôt une absence d'éveil). Cette affection poussa de nombreux neurologues, Olivier Sacks et Constantin von Economo en tête, à essayer de comprendre le mécanisme du sommeil et à tenter de cerner le « générateur » du sommeil (avec des théories qui contiendront, certes, des erreurs). Mais la recherche était lancée, et son orientation axée dès lors principalement sur les troubles du sommeil : apnée, narcolepsie, somnambulisme…

Autre étape-clé, avec le neuropsychiatre Hans Berger qui, en 1924, enregistre le premier rythme cérébral, dit « alpha ». Ce dernier note que l'activité électrique du cerveau de l'homme qui dort est lente, d'autant plus lente qu'il est profondément endormi. Ces progrès, peu à peu, ont permis de caractériser rêves et sommeil en fonction de différentes modalités du fonctionnement cérébral.

Mais la vraie « révolution » du rêve remonte à 1953, et s'avère toujours intimement liée aux recherches sur le sommeil, marquant le véritable coup d'envoi de la somnologie. Dans leur laboratoire de l'Université de Chicago, Eugene Aserinsky et Nathaniel Kleitman vont découvrir le fameux sommeil REM (pour *Rapid Eye Movement*, sommeil à mouvements oculaires rapides) : ils se rendent compte que lorsqu'un sujet est endormi, toutes les quatre-vingt-dix minutes, l'activité cérébrale s'accélère alors que les yeux du dormeur bougent sous ses paupières. Le dormeur semble se réveiller, pourtant tous ses muscles sont totalement relâchés. Cette atonie musculaire s'accompagne d'une activité cérébrale très intense. C'est la raison pour laquelle le sommeil REM est qualifié de « sommeil paradoxal » par le neurophysiologiste Michel Jouvet (1961). Ce sommeil REM est très vite associé étroitement aux rêves (on parle même de « sommeil à rêves »). En effet, l'équipe de Chicago, renforcée par l'arrivée déterminante de William Dement – étudiant en psychiatrie fort opportunément intéressé par les rêves – découvre qu'un sujet réveillé en sommeil REM se souvient huit à neuf fois sur dix d'un rêve (et est donc capable de le raconter). De là à faire le lien entre sommeil REM et rêves, il n'y a qu'un pas… qui, dans l'excès d'enthousiasme qui a entouré ces découvertes, a été un peu trop vite franchi, car les recherches n'ont pas révélé de corrélation indiscutable entre le sommeil paradoxal et les rêves.

Quoi qu'il en soit, à la lumière de ces travaux, on découvre que l'expression dormir « du » sommeil du juste devrait être déclinée au pluriel ! L'architecture du sommeil, comme celle de l'éveil, n'est pas uniforme. Elle est complexe, cyclique. Nous dormons de deux sommeils différents : le sommeil lent (subdivisé en sommeil lent léger – séparé en stade 1 et stade 2 – et sommeil lent profond, partagé en stade 3 et stade 4, selon la proportion du ralentissement cérébral) et le sommeil paradoxal (stade 5), qui clôt le cycle.

Précision de taille : malgré ce lien mis en exergue entre sommeil REM et rêves, on sait maintenant que l'on peut rêver aussi en sommeil lent. « *On peut recueillir des rêves à tous les stades du sommeil. Mais en sommeil paradoxal, on en recueille dans 80 à 100 % des réveils, alors que ce chiffre est voisin de 50 % en sommeil lent* », précise Isabelle Arnulf[1]. Donc, dans une proportion moindre que si le réveil a lieu durant le sommeil paradoxal. Nous verrons également dans le chapitre suivant que selon le cycle du sommeil le « film » du rêve n'est pas le même, allant de rêves banals en lien avec le quotidien au scénario le plus extravagant.

Ces différents travaux ont contribué à la qualification du rêve comme troisième état de conscience, aussi distinct du sommeil que de l'éveil. En 1996, dans une interview, Michel Jouvet expliquait ainsi que cette idée de rêve comme état du cerveau lui avait été inspirée par les *Upanishads* de la mythologie hindoue qui distingue trois états : l'état de veille, le sommeil léger et le sommeil sans rêve. « *On sait aujourd'hui que le rêve présente autant de différences objectives, mesurables, avec le sommeil orthodoxe qu'il en existe entre le sommeil et l'éveil. Alors que le sommeil sans rêve se caractérise par une activité électrique composée d'ondes lentes, l'électroencéphalogramme d'un sujet*

1. *Ibid*, p. 37.

rêvant est au contraire composé d'ondes rapides, semblables à celles que l'on peut recueillir chez un sujet éveillé[1]*.* »

Si le rêve participe donc d'une activité biologiquement programmée, l'état de conscience propre au rêve, lui, reste un terrain d'étude en jachère. Car si au gré des découvertes scientifiques récentes on a mieux compris le sommeil, on n'en sait pas beaucoup plus sur le rêve lui-même… C'est que le rêve dépasse la réalité ! *« Avec la capacité de rêver, l'humain convoque une intelligence aussi vaste de la perception qui dépasse de toute part la conscience »*, fait remarquer Anne Dufourmantelle[2].

Pour Pierre Lembeye, *« le rêve est un élargissement du sommeil. Il ouvre un espace aux paramètres inédits. Autrement dit, en "Hypnos" (en sommeil), apparaît, si l'on peut dire, une autre catégorie de sommeil : "Oneiros", le sommeil de rêve*[3] *»*.

Le voyage des songes

Mais où donc nous emmènent nos rêves ? Avant d'aller plus loin dans ce questionnement, Dominique nous embarque avec elle dans son voyage onirique, dont la trace vive l'accompagne depuis des mois : *« Je me vois… J'ai environ 7 ans, pourtant j'ai le raisonnement, l'acquis et l'expérience de vie qui sont les miens à 49 ans. Je me trouve dans un monde futuriste. La guerre a tout détruit. J'erre et je tombe sur la maison de mon enfance, qui, elle,*

1. Magazine de l'INREES, *2E* (nommé aujourd'hui *Inexploré*), n° 10, avril-juin 2011, p. 19.
2. Anne Dufourmantelle, *Intelligence du rêve, op. cit.*, p. 167.
3. En entretien.

bizarrement, tient debout dans les ruines. Je descends à la cave et je découvre un mausolée. Sur les murs, couverts de moisissures, des panneaux avec des cartes postales et des photos épinglées de mon passé et des membres de ma famille, sur plusieurs générations, y compris ceux que je n'ai pas connus. Alors que je déteste les caves et lieux confinés, je ressens là une grande sérénité, comme si plus rien ne pouvait m'arriver à l'avenir. Je sens la présence de mes proches, même les morts. Émue de voir que les traces du passé ont subsisté, en dépit du monde extérieur, anéanti, je me réveille, des larmes plein les yeux. Une grande force m'accompagne depuis ce rêve. »

Les neurosciences ont beau avoir fait un saut quantique, il demeure toujours une part insaisissable dans le « film » mystérieux propre à certains rêves. En ce sens, nous sommes par moments des scénaristes hors pair ! Nous voudrions imaginer une telle histoire dans nos cogitations diurnes que nous en serions incapables… Le rêve de Brigitte est emblématique de l'audace créative de nos nuits, de cette énigme onirique : passé, présent et futur se télescopent, montrant cette capacité des rêves à ouvrir des brèches dans l'espace-temps, à nous sortir du scénario temporel linéaire. Les repères du connu s'y mêlent à l'ébranlement de l'étrange, ouvrant d'autres perspectives. Une réinvention au-delà des routines. Enfin, malgré le sommeil, les émotions semblent en éveil. Tout comme les sens. L'étude des rêves montre que la vision prédomine nettement dans les rêves. Vient ensuite l'audition, suivie des sensations de mouvement. Enfin, l'odorat est, lui, plus rarement sollicité (présent dans 5 % des rêves recueillis).

Bien souvent, donc, le rêve nous dépasse, au propre comme au figuré. « *Le rêve met en connexion avec la librai-*

rie universelle, le grand cerveau de l'humanité », souligne Monique Tiberghien, corroborant la thèse de Jung selon qui nous aurions alors accès à un inconscient collectif, riche en symboles, en archétypes[1].

Les anthropologues y voient une convergence avec les mythes des peuples primitifs. Les rêves, comme les contes ou les mythes anciens, se déroulent en des lieux imaginaires, peuplés de monstres ou d'êtres fabuleux qui expriment sous une forme symbolique les grandes thématiques archaïques de la psyché humaine.

« Le rêve est un espace de franchissement des frontières », avance, de son côté, Ernest Hartmann[2]. Un franchissement des frontières entre les différents éléments de notre vie, réunis par la magie du rêve, mais aussi une fenêtre ouverte entre les dimensions spatio-temporelles (phénomène plus perceptible dans les rêves prémonitoires, transgénérationnels…) et même entre soi et l'autre (rêves partagés, télépathiques…). Nous y reviendrons plus loin. Paradoxalement, là où on est le moins éveillé à soi-même (en raison du sommeil) s'ouvre une autre façon, éveillée, de voir, de percevoir, de penser…

Il arrive que certains rêves soient d'une telle intensité, d'une telle singularité, d'une telle inventivité, qu'ils diffusent leurs effluves persistants jusqu'au cœur du vécu diurne, poursuivant leur chemin, semant leur enseignement, allant même jusqu'à fleurir dans nos décisions, nos actions ou encore nos créations. *« Le rêve est une action commencée en pleine nuit, alors que notre motricité est anéantie et devra se poursuivre le jour*

1. En entretien.
2. Ernest Hartmann, *The Nature and Functions of Dreaming*, *op. cit.*

par une action régénérant notre présence au monde », précise Tobie Nathan[1].

La jeune et fantasque chanteuse et comédienne française Soko a ainsi confié, en interview, faire des rêves si intenses, qu'elle a décidé de nommer son nouvel album *My Dreams Dictate my Reality* : *« L'autre soir, j'ai rêvé que j'étais dans un sous-marin flottant au-dessus de ruines qui faisaient penser au film d'Hayao Miyazaki,* Le Château dans le ciel… *J'avais l'impression d'être au paradis*[2]. » Alors, au diapason du titre de cet album, la question est lancée : nos rêves dictent-ils notre réalité ou est-ce notre réalité qui dicte ou, du moins, inspire nos rêves ? Plus largement, nos rêves sont-ils une errance ou une (pleine) conscience – c'est-à-dire un élargissement : du quotidien, de soi, du monde, de la ligne du temps, du réel ? Une hyperréalité qui nous connecterait à une sagesse « extraordinaire » ou un scénario extravagant ? Enfin, nos rêves sont-ils le reflet de notre intériorité ou proviennent-ils d'une réalité extérieure ?

Autrement dit, faut-il prendre nos rêves pour la réalité ? Là encore, les points de vue varient, selon les sources.

Dans la foulée de cette interrogation : « La vie rêvée est-elle la vie réelle ? », l'une des questions qui agitent le landerneau scientifique est de savoir d'où proviennent les éléments du rêve. Les composants scénaristiques sont-ils puisés dans les souvenirs du jour qui vient de se vivre et dans les « archives » autobiographiques, ou bien s'agit-il de faits totalement inédits pour le dormeur-rêveur ? Bien que certains rêves (très marquants, d'ail-

1. Conférence INREES avec Tobie Nathan, *À quoi sert le rêve ? op. cit.*
2. Magazine *In Bed with Soko*, avril 2014.

leurs) affichent une discontinuité flagrante entre la vie réelle et la vie rêvée – comme perdre toutes ses dents, voler ou se retrouver nu en public, phénomènes (normalement) jamais vécus, l'analyse empirique des rêves révèle que beaucoup d'entre eux s'avèrent liés aux préoccupations du moment. Les deux tiers des rêves porteraient en fait sur des événements datant de la journée écoulée ou des jours précédents ; assurant donc une continuité entre la vie réelle et la vie rêvée. Ainsi, d'après des recherches, les étudiants canadiens rêvent-ils souvent de… leurs examens[1]. En outre, nous rêverions globalement davantage en période de stress intense, avec une connotation plutôt négative.

L'une des pistes avancées est que, en rêvant, nous simulerions des menaces pour mieux y faire face dans la journée, si nécessaire. Par exemple, l'un des cauchemars récurrents chez les étudiants est qu'ils vont arriver en retard à leur examen. Comme si le cerveau tirait le signal d'alarme… Face à une situation stressante (l'examen), une partie du cerveau envoie donc des messages : « Ne sois pas en retard ! » Cette alerte est précisément vécue comme un scénario imaginaire – ou « contrefactuel », selon le Pr Patrick McNamara, montrant par là même quels seraient les effets désastreux d'un retard ou d'une négligence[2]. Selon cette vision, le scénario du rêve, en lien étroit avec nos préoccupations et nos émotions (peur, envie…), grossit le trait, en développant une dramaturgie excessive et extravagante (on se

1. Tore A. Nielsen, « The typical dreams of Canadian University students », *Dreaming*, vol. XIII, n° 4, décembre 2003.

2. Patrick McNamara, « Counterfactual cognitive operations in dreams », *Dreaming*, vol. XII, n° 3, septembre 2002.

perd dans les couloirs de l'université, sans jamais trouver la salle d'examen…).

De là à dire que nos rêves se calquent précisément sur la réalité, il y a une marge… En effet, en faisant tenir simultanément un journal de rêves et un journal des faits quotidiens à vingt-neuf personnes pendant deux semaines, l'équipe du Pr Robert Stickgold, chercheur à Harvard, a mis en évidence que si une majorité des événements des rêves ont trait directement à un événement diurne des jours précédents (65 %), il ne s'agissait par contre de leur réexécution exacte que dans 2 % des cas : les faits vécus la journée étaient souvent modifiés, réinsérés, soit dans un autre lieu, soit avec d'autres personnages, tout comme une longue histoire pouvait ne contenir qu'un détail insignifiant de la journée[1]. Il ne s'agit donc pas d'une photocopie passive ; d'un clone des jours écoulés. Le cerveau se « repasse le film », en quelque sorte, en insérant de nouveaux éléments dans le synopsis : des bribes de réminiscences et souvenirs anciens, des situations et solutions alternatives, des décors et protagonistes différents. Une manière éclairée de tenter de trouver une issue inédite aux problématiques qui nous agitent.

Par ailleurs, en raison de la puissance de l'empreinte que peuvent nous laisser certains rêves marquants (principalement, d'ailleurs, ceux dont nous nous souvenons), nous aurions tendance à généraliser : à croire que rêver nous transporte systématiquement dans des mondes merveilleux, à tout le moins non ordinaires…

---

1. M.J. Fosse, J.A. Hobson, R.J. Stickgold, « Dreaming and episodic memory : A functional dissociation ? », *Journal of Cognitive Neuroscience*, 2003, p. 1-9.

Là, encore, des études scientifiques démystifient cette idée commune. À la lumière, notamment, des travaux du psychologue cognitiviste David Foulkes, on découvre ainsi qu'une majorité de rêves serait banale, mettant en scène – comme on vient de le voir – des motifs ordinaires qui ont trait à la vie courante, à la famille, aux proches, aux loisirs et aux interactions relationnelles dans le cadre du travail, des études, etc.[1].

David Foulkes a eu l'idée, contrairement à ses prédécesseurs, Eugen Aserinsky et Nathaniel Kleitman (les fameux découvreurs du sommeil paradoxal), d'élargir la question posée aux dormeurs, sujets de ses recherches. Au lieu de leur demander : « Avez-vous rêvé ? À quoi ? », il leur a posé la question suivante : « Qu'est-ce qui vous passait par la tête au moment où je vous ai réveillé ? » Cette démarche a conduit à élargir considérablement le champ d'études des rêves – allant, dès lors, bien au-delà des rêves saillants épinglés dans la littérature ou les cabinets de psy, en s'intéressant aussi aux rêves ordinaires, dont la plupart des gens ne se souviennent plus peu après le réveil.

En pratique, David Foulkes classe les réponses obtenues en fonction des « contenus mentaux » – selon leur richesse, leur cohérence, leur ressemblance avec la vie quotidienne, sur une échelle allant de 0 à 7 : 0/Pas de souvenir, pas de rêve ; 1/Rêve blanc : « J'ai rêvé, mais j'ai tout oublié » ; 2/Vision d'une scène ; 3/Vision

1. D'autres études, dont celle menée aux États-Unis par Frederick Snyder, tendent à démontrer la banalité, assortie d'une qualité dramatique pauvre, de la majorité des rêves ; Snyder conclut que 90 % des rêves sont des descriptions crédibles d'une expérience de la vie de tous les jours.

de plus d'une scène ; 4/Rêve cohérent ; 5/Rêve dans lequel le sujet agit, son action porte résultat, tout est cohérent, détaillé ; 6/Long scénario, images hallucinées, mais tout ressemble à la vie quotidienne ; 7/Long scénario, le dormeur est impliqué, il y a beaucoup d'images, les contenus mentaux contiennent des bizarreries, des étrangetés.

« Souvent, dans la pensée collective, ce sont les contenus mentaux de score 7 qui sont retenus comme des rêves. Ainsi, les rêves dans lesquels le sujet plane, survole des lieux, combat, repasse son baccalauréat (qu'il a obtenu trente ans avant) sont classés en score 7 », éclaire la neurologue Isabelle Arnulf[1]. D'après les recherches, ces rêves longs et étranges sont surtout produits en fin de nuit. *« Ils sont probablement plus marquants, mieux mémorisés à cause de leur étrangeté et de leur proximité avec le réveil. Mais si l'on pratique un recueil systématique, tout au long de la nuit, des souvenirs de rêves, on est surpris par la grande fréquence de rêves simples, de la vie quotidienne tels que : "Je prépare du café", "Je pense à mon loyer", que ce soit en sommeil paradoxal ou en sommeil lent »*, poursuit le Pr Isabelle Arnulf.

Il semblerait, en outre, que les rêves de sommeil lent varient selon la profondeur du sommeil : à l'endormissement, en stade 1, on recense beaucoup d'images isolées, juxtaposées, sans scénarios. En stade 2, on relève plus souvent des contenus conceptuels, moins d'images et d'émotions. Et c'est en stade 3-4, en sommeil lent profond, que le dormeur a le plus de mal à se remémorer un rêve. Alors qu'en sommeil paradoxal, les sensations et les émotions s'avèrent plus fréquentes.

1 Isabelle Arnulf, *Comment rêvons-nous ?, op. cit.*, p. 36-37.

Il faut également savoir, à la lumière de ces recherches, que le contenu de nos pensées et rêves varie selon l'heure de la nuit, quel que soit le stade de sommeil dans lequel on se trouve. *« Plus on est proche du coucher, plus les contenus mentaux sont intellectuels et conceptuels. Plus on s'avance dans la nuit, plus le cerveau élabore d'hallucinations, images et sensations »*, relève encore Isabelle Arnulf. Pour illustrer cela, imaginez : vous êtes aux sports d'hiver et vous avez skié toute la journée… Il y a des chances que vous rêviez de ski. En sommeil lent, vraisemblablement vous descendrez tout schuss la traditionnelle piste neigeuse. Tandis que durant le sommeil paradoxal la « glisse » se métamorphosera : vous skierez sur une autoroute, sur des escaliers ou vous surferez sur des nuages… qui plus est, éventuellement, avec un proche pourtant décédé depuis des années.

À l'approche du matin, on observe aussi que les rêves ont souvent trait à des difficultés : on a un rendez-vous très important et on loupe le train (l'avion…), on se retrouve bloqué par un obstacle sur la route, on ne trouve pas le lieu de rencontre, etc.

Quant à l'excentricité de nos rêves, les techniques de plus en plus pointues d'imagerie cérébrale cherchent à les expliquer de manière rationnelle, biologique. D'après ces recherches, si certaines régions cérébrales se « réveillent » au cœur du sommeil, d'autres sont beaucoup moins actives. Ainsi, durant le sommeil paradoxal, les zones cérébrales productrices d'images sont en éveil ; ce qui explique le caractère très visuel des rêves. Les aires auditives, ainsi que les structures limbiques qui jouent un rôle important dans le traitement des émotions, sont également suractivées par rapport à l'état de veille. De quoi mieux comprendre le fort contenu émotionnel et sensoriel des rêves, surtout en sommeil paradoxal. Par contre, les structures cérébrales chargées de placer les objets dans leur contexte sont, elles, « endormies », désactivées, ce qui pourrait expliquer les aberrations de nos scénarios nocturnes (champignon géant, ville dans une valise, voiture sac-à-dos...). Des anomalies qui ne sont pas forcément surprenantes pour le rêveur au cœur du songe, car le cortex préfrontal, siège des capacités de raisonnement – impliqué donc dans l'esprit critique, est beaucoup moins activé. D'où, peut-être, la perte de notion du temps observée dans les rêves[1].

Autre caractéristique de notre vie onirique, passée à la loupe de la recherche en psychologie cognitive : elle aurait un « sexe », reproduisant certaines différences entre hommes et femmes... Ainsi, l'agressivité, qui est très présente dans les rêves, est physique et violente chez les hommes, alors qu'elle est beaucoup plus verbale et sociale chez les femmes (critique, rejet...). Autrement dit, les hommes s'affrontent et se battent, tandis que les femmes s'excluent, un peu comme dans la « vraie vie ». Quant à croire que les rêves nous emmèneraient généreusement dans l'Empire des sens, là encore, nous prenons nos rêves pour la réalité ! L'activité sexuelle n'occupe qu'une part marginale dans notre vie onirique. Sur les vingt-deux mille rêves collectés par la banque des rêves DreamBank, le sexe ne représente que 4 % des songes masculins et à peine 0,5 % des rêves féminins. Alors, sexiste, le rêve ? En tout cas, il aurait ten-

1. Recherches menées notamment par Pierre Maquet, en Belgique, et Allen Braun, aux États-Unis.

dance à reproduire certains clichés : il semble, en effet, que le rêve ait plus souvent pour décor l'intérieur et le cercle familial chez les femmes que chez leurs congénères masculins...

Cette exploration et ce décorticage méthodiques des rêves en laboratoire ne doivent cependant pas éclipser la formidable fantaisie et créativité du rêve, difficile à contenir tout entière dans des théories. Pour le Pr Jacques Montangero, qui a recueilli et analysé de nombreux récits dans son laboratoire d'étude du rêve de Genève, le rêve est *« une production spontanée de l'esprit, qui est tellement plus libre (que dans la vie diurne, NDLR)*[1] ». Ce spécialiste du rêve, enthousiaste, explique pourquoi : *« Parce que l'esprit (je parle d'esprit plutôt que de cerveau, puisque je m'exprime en termes psychologiques) s'affranchit alors de toutes sortes de règles que nous avons pour réfléchir, assembler des idées et communiquer pendant la journée. C'est cela qui garantit l'extraordinaire inventivité et fantaisie d'un rêve ! La majorité des lieux qui apparaît en rêve ne correspond pas à quelque chose que connaît le rêveur, quand on l'interroge. Cela a été forgé là, sur-le-champ ! Parfois, en mettant ensemble ou en fusionnant des choses qui ont été vues dans des paysages différents, en modifiant des paramètres. »* Et le Pr Montangero de préciser également que la moitié des personnages (nous) sont inconnus dans les rêves que nous faisons. Pour Tobie Nathan, le rêve lâche la bride : *« Hypnos, le sommeil, nous ligote et Oneiros nous libère*[2] *! »*

1. Sur France Inter, dans « La Tête au carré », *op. cit.* Jacques Montangero est l'auteur de *40 questions et réponses sur les rêves*, Odile Jacob, 2013.
2. Conférence INREES avec Tobie Nathan, *À quoi sert le rêve ? op. cit*

Un espace de liberté incroyable dans lequel il nous est donné de vivre, par moments, des aventures extraordinaires… parfois même des colères homériques, qu'on n'oserait jamais laisser exploser au « grand jour ». Sandra, jeune trentenaire, nous partage la sienne, aussi phénoménale que libératrice : *« D'ordinaire, je n'arrive jamais à me mettre en colère, même quand celle-ci se justifie… Dans mon rêve, je suis dans une ruelle sombre, malfamée, avec des poubelles débordantes. Les pavés sont mouillés. Mon père – mort, pourtant, depuis des années – surgit derrière un réverbère. Il m'attaque tout de go sur mes choix de vie, et me tance vertement, en affirmant que jamais il n'acceptera que je me marie… Je sens une colère monter, comme un geyser ou de la lave en fusion, et j'explose en hurlant que plus jamais il ne me fera de mal, ni ne me dictera mes choix ! Je me suis réveillée en sueur, tremblante… mais libérée d'un poids énorme. »* Ce rêve-phare, émancipateur, lui a permis de faire un grand bond en avant dans sa thérapie, commencée peu avant.

Enfin, loin des théories du rêve « biologique », certains observateurs émettent l'hypothèse d'une réalité extérieure venant nourrir nos songes… Une conception qui n'est pas sans rappeler la vision du rêve durant l'Antiquité ou, encore d'actualité, chez certains peuples traditionnels. Ainsi, pour Patrick Harpur : *« Il faut insister sur le fait que bien que les rêves soient des expériences intérieures, elles n'en sont pas pour autant subjectives. Ce n'est pas notre esprit conscient qui crée les rêves. Ils ne nous appartiennent pas ; ils nous arrivent. Les Grecs de l'Antiquité étaient justes car ils ne parlaient jamais d'avoir un rêve, mais toujours de voir un rêve*[1]. »

1. Patrick Harpur, *Daimonic Reality, a Field Guide to the Otherworld*, Viking, 1994, p. 17.

Tobie Nathan distingue, lui, deux types de rêves. Les premiers n'étant, selon lui, que surgissement d'affects retenus – *« le déversement d'un trop-plein, une régurgitation »* (sic), l'ethnopsychiatre les nomme *« effervescences »*, en raison de leur nature intrinsèque et de leur caractère transitoire. *« Quant aux seconds, "donnés", adressés, déposés par des invisibles non humains, semblables aux visions d'Artémidore, je les appellerai vecteurs, puisqu'ils véhiculent des informations et des messages. De tels songes, connus de tout lecteur de textes de l'Antiquité, laissent entendre que le rêve serait une place publique d'un certain type, un espace collectif au cœur de la personne, susceptible d'être investi par "des autres". Et là, je parle de véritables "autres" – non pas des semblables, des "autres moi-même", mais des êtres à l'altérité radicale, des dieux, des esprits, des saints, des messagers ou même des diables. Ce type de rêve serait même l'espace privilégié où un humain peut croiser les divinités et échanger avec elles »*, avance-t-il, dans sa *Nouvelle Interprétation des rêves*[1].

Quel que soit donc l'angle de vue, on constate qu'invariablement la nuit porte conseil !

Plus qu'une hallucination au service de la banalité, le rêve demeure avant tout une invitation au voyage. Intérieur et « extra-ordinaire ».

---

1. Tobie Nathan, *La Nouvelle Interprétation des rêves, op. cit.*, p. 26-27.

Donner la parole au rêve

Le rêve est un rébus.

Jacques LACAN

Messager universel

« L'homme descend du songe... » Cette célèbre formule de l'écrivain Antoine Blondin a été reprise fort à propos par Pierre Lembeye, en titre de son ouvrage phare, nous ramenant à l'essence du rêve[1]. *« Poïétique »*, dit-il[2]. Depuis la nuit des temps, le rêve joue un rôle d'intercesseur, de messager essentiel, à la fois personnel, culturel et universel dans les sociétés humaines. Le rêve (nous) parle.

1. Pierre Lembeye, *L'homme descend du songe*, *op. cit.*
2. La poïétique a pour objet l'étude des potentialités inscrites dans une situation donnée qui débouche sur une création nouvelle. Nous ramenant, ici, au potentiel créatif et transformateur du rêve.

En plongeant dans les racines du songe, Pierre Lembeye n'hésite pas à remettre en cause le paradigme moderne qui voudrait que tout rêve soit purement individuel, cérébral et psychique ; qu'on pourrait dès lors le « capturer », l'enregistrer par électroencéphalogramme. *« Autorisons-nous à penser que le rêve est en provenance du dehors de l'humain, qu'il est là bien avant l'apparition de l'homme, et qu'il est issu de la conjonction de la nuit et de la complexité du vivant »*, propose-t-il, poétiquement.

Antiques ou modernes, tibétaines, amérindiennes ou encore aborigènes, toutes les cultures ont porté et portent encore, à des degrés divers, attention à leurs rêves, comme nous l'avons déjà évoqué en amont… et comme nous l'évoquerons encore plus loin, dans des chapitres ultérieurs.

Des incubateurs de rêve de l'Antiquité aux cabinets feutrés des psychanalystes, des cérémonies chamaniques au « temps du rêve » aborigène : qu'il soit considéré comme un message des dieux (des esprits, des ancêtres…) ou l'expression privilégiée de notre inconscient, l'homme a toujours cherché un sens au rêve. Telle une manière de prendre la clé des… songes pour se libérer de l'habit étriqué de la destinée humaine. D'élargir l'horizon, en prenant du recul, de la hauteur. Et quelle hauteur !

Dans nombre de sociétés traditionnelles, l'âme des dormeurs entretient le goût de l'escapade nocturne ; cette conception prévaut notamment dans les tribus chamaniques de Sibérie et d'Océanie. L'âme voyageuse part, lors du sommeil, vers des *terra incognita*. Mystérieuses. Au cours de son périple noctambule, elle croise le monde des ancêtres, celui des morts, des dieux, des êtres intermédiaires (passeurs entre les mondes), etc. Quand l'âme rejoint, au matin, son véhicule corporel, matériel, elle est donc « informée » par les rencontres faites durant ce voyage au bout de la nuit. Comme si, nuit après nuit, rêve après rêve, il y avait un « reset » ou, en tout cas, une mise à jour du cap existentiel, fécondé et réorienté grâce aux messages spirituels des rêves. Avec un objectif : aller vers le meilleur de soi-même.

Les ethnologues ont par ailleurs pointé ce qu'ils appellent des *dream cultures*. Des peuples pour qui vivre est indissociable du verbe « rêver ». Parmi les plus connues, on peut citer les Mojaves – des Amérindiens d'Arizona et de Californie, étudiés par le père de l'ethnopsychiatrie, Georges Devereux – ou encore les Zápara, des Amérindiens de la forêt amazonienne péruvienne et équatorienne, étudiés par Anne-Gaël Bilhaut[1].

Impossible, en parlant de *dream cultures*, de passer sous silence les Senoïs de Malaisie, longtemps épinglés comme « le » peuple de rêveurs (nous y reviendrons, dans le chapitre consacré à la créativité du rêve) ; bien que cette thèse ait été plus ou moins démontée par certains anthropologues, la considérant comme une vision par trop « romantique » de ceux qui ont observé et contribué à faire connaître cette peuplade, par le biais du rêve (l'anthropologue Kilton Stewart, relayé ensuite par Patricia Garfield dans un ouvrage à succès, *Creative Dreaming*)...

« D'après les recherches des ethnologues, il semblerait, à tout le moins, qu'accorder une grande importance aux rêves

1. Anne-Gaël Bilhaut, *Des nuits et des rêves. Construire le monde zápara en Haute Amazonie*, Publications de la Société d'ethnologie de Nanterre, 2011.

serait un gage de santé mentale et permettrait de vivre plus en paix », tient à préciser Monique Tiberghien, qui a voyagé de par le monde, à la rencontre du rêve et de ses usages (spirituel, énergétique, etc.)[1].

Par leur message, leurs symboles, les rêves sont, en effet, à même de relier une communauté par le fil onirique, assurant une certaine cohésion sociale. On pense bien sûr aux Aborigènes australiens, et ce pilier de leur culture : le temps du rêve (*Tjukurpa* en langue Anangu). Pour simplifier, on pourrait dire que dans leur conception du monde rêve et réalité ne font qu'un. Une unité sacrée. Le temps du rêve désigne, plus précisément, l'ère qui précède la création de la Terre ; un âge où tout n'est alors que spirituel et immatériel, qui aurait donné naissance, via les esprits ancestraux, à toutes les formes de vie actuelles (humains, plantes, animaux, minéraux) et aux paysages. Selon les Aborigènes, le temps du rêve existe toujours et peut être connecté pour des besoins spirituels. Au travers de celui-ci, il serait possible de communiquer avec les esprits et de déchiffrer le sens des mauvais présages, maladies et infortunes. *« Le Temps du rêve aborigène fait co-appartenir terre et ciel, divins et humains, l'ensemble de la généalogie, les ancêtres disparus comme les enfants à venir »*, explique Pierre Lembeye. Ces rêves appartiennent donc à l'ensemble familial, communautaire, assurant une continuité entre les différentes dimensions, les différents plans du monde. Une cohérence, pleine de sens. Ce n'est pas l'éveil qui gouverne le rêve comme en Occident, c'est donc la non-séparation du temps, de l'espace, des jours et des nuits, ainsi que des générations. *« On peut*

1. En entretien.

contacter les ancêtres, nommés "Rêvants", par l'entremise des rêves, bien qu'ils ne soient pas considérés comme le produit des rêves. Au sein de la tribu, le rêveur est vénéré comme le canal par lequel la sagesse des ancêtres est reçue, non comme celui qui est à l'origine de cette sagesse », précise Namkhai Norbu, qui a contribué à faire connaître le travail sur les rêves à travers le monde, notamment par le biais du yoga du rêve, dont nous parlerons plus loin[1].

S'il puise à une certaine symbolique universelle et communautaire, mais aussi à la biographie personnelle, une question essentielle est de savoir si le rêve s'enracine également dans le « terreau » de l'époque. Autrement dit, emprunte-t-il des éléments de scénario dans l'actualité, au sens large ? On constate, en tout cas, l'infiltration de thèmes sociétaux, culturels, dans la trame même des rêves : ceux-ci apparaissent parfois imprégnés de la vision du monde (il est vrai généralement pessimiste) véhiculée par l'époque et, plus récemment, via les médias. Médias qui font tourner en boucle, jusqu'à l'écœurement, des images catastrophes, qui finissent par s'incruster dans notre mémoire.

Les événements du monde pénètrent donc le rêve. Un exemple connu : les psychanalystes (et pas seulement américains) ont reçu de nombreux patients, dans les mois qui ont suivi le 11 Septembre 2001 et l'effondrement du World Trade Center, relatant avoir rêvé de situations imprégnées de ces attentats. Attentats venus faire effraction dans la normalité et la marche du monde : l'impensable devenait tout à coup possible...

1. Namkhai Norbu, *Le Yoga du rêve*, *op. cit.*, p. 31. Namkhai Norbu enseigne les pratiques du Dzogchen, la culture et la médecine tibétaines.

et contaminait jusqu'aux rêves ! Personnellement, je me souviens avoir rêvé par la suite, à de très nombreuses reprises, d'être au pied des tours au moment où elles s'effondrent dans un énorme fracas… et de devoir courir, me voyant happée, engloutie, par l'énorme nuage de cendres, poussières et déchets, avec l'impression, plus que réaliste, d'étouffer. Au fil du temps, ce rêve s'est transformé, mais il m'arrive encore souvent de rêver que je me trouve dans une maison, un immeuble, un bureau… et tout s'effondre autour de moi (en raison d'attentats, de tremblements de terre, de guerre). Tout juste ai-je le temps de me réfugier : sous une table, un lit, une voiture, une étagère, etc. En général, je me réveille juste au moment de l'impact. Rêves que je ne faisais pas avant ce fameux « 9/11 »…

Ce type de rêves – impactés par les faits d'actualité et exprimant des préoccupations du moment, assorties d'une angoisse diffuse – ne concerne pas que les adultes. Pierre Lembeye relate ainsi le cas de ces enfants palestiniens (on parle, ici, d'enfants d'une dizaine d'années), suivis notamment par le docteur en psychologie clinique à l'université de Tel Aviv, Chafiq Massalha, qui, lors des différents épisodes de l'Intifada, des attentats terroristes et répliques israéliennes, rêvent – au sens propre – de venger les leurs. *« Presque tous ces enfants font des rêves politiques haineux et agressifs… À noter que le rêve, comme le jeu, recrée le monde. Il donne un au-delà maintenant, une transcendance immédiate. Rêve et jeu ont tous deux une fonction cathartique. Ici, le rêve n'est pas individuel. Il est partagé par la communauté des rêveurs, comme les jeux se partagent avec l'ensemble des joueurs. »* Ainsi, lors de notre entretien, Pierre Lembeye m'évoque-t-il, entre autres témoignages, celui d'une fillette de 10 ans, Lama, réfugiée au camp de Dheisheh : cette dernière rêve qu'elle gagne un million de dollars dans un jeu télévisé et… achète des chars et des avions pour bombarder Israël.

Recueillir les rêves peut ainsi permettre de donner un éclairage subtil sur toute une société – ses peurs, ses fantasmes, ses contradictions, ses désirs de vengeance… En ce sens, l'expérience de Charlotte Beradt est édifiante. Cette journaliste et publicitaire berlinoise, opposante de la première heure au régime hitlérien, frappée par la multiplication de ses cauchemars accompagnant la montée en puissance de Hitler, décide de rassembler, entre 1933 et 1939, près de trois cents rêves d'hommes et de femmes, des Allemands ordinaires, pour mesurer combien le nouveau régime *« malmenait les âmes »*. Par précaution, elle les code, dans ses notes : Hitler devient ainsi « L'oncle Jean »… Après avoir délaissé ces témoignages après-guerre, un ami l'exhorte à les ressortir du tiroir, vingt ans après. Son ouvrage *Rêver sous le IIIe Reich*[1], devenu un témoignage unique, montre avec quelle efficacité un régime politique totalitaire infiltre et « assassine » le sommeil ; l'entreprise de domination s'étendant jusqu'à la vie onirique même. Avec une capacité d'anticipation, sous-tendant que les citoyens, bon gré mal gré, avaient saisi dès le départ les implications et les impasses du régime hitlérien ; nettement en avance sur les analyses les plus poussées de l'époque. Charlotte Beradt relate ainsi le témoignage d'une femme de ménage allemande non juive qui, pendant l'été 1933, rêve de

1. Charlotte Beradt, *Rêver sous le IIIe Reich*, Payot, 2004 (première édition, en allemand, en 1966).

façon prémonitoire de la dérive totalitaire de l'État allemand : *« Je rêve qu'en rêve, par précaution, je parle russe (je ne le connais pas, en outre, je ne parle pas en dormant) pour que je ne me comprenne pas moi-même et que personne ne me comprenne si je disais quelque chose à propos de l'État parce que c'est interdit et que cela doit être dénoncé*[1]. » Dans les rêves recueillis, les relations semblent déshumanisées par l'inexpressivité des visages, on redoute d'être pris pour un juif ou reconnu comme tel, etc. On y perçoit aussi toute l'ambivalence, la complexité et les contradictions de la psyché humaine, face à l'endoctrinement. Ainsi, en rêve, un homme se voit-il désigné comme le seul à pouvoir guérir Hitler : il se déclare *« honteux d'en être fier »*. Dans une société régie par la terreur et la surveillance, force est de constater que l'intimité propre à l'espace onirique s'avère des plus fragiles, des plus poreuses. Dans son ouvrage, Charlotte Beradt compare cette propagande insidieuse, qui parvient à s'infiltrer jusque sous la couette, avec *Le Meilleur des mondes* d'Aldous Huxley ou *1984* de George Orwell.

Aujourd'hui, pour recueillir le message (sage) des songes, les banques de rêves se sont mises tout naturellement à l'heure du Web. Pour ne citer qu'une des plus connues, dreambank.net – chapeautée par le département de Psychologie de l'université de Californie (Santa Cruz) – archive, à ce jour, plus de vingt mille rêves et cauchemars rapportés par des particuliers de tous horizons. Le moteur de recherche sophistiqué permet aux scientifiques et curieux de toute la planète d'y glaner des récits de rêves, au gré des thèmes qui les inter-

1. *Ibid.*, p. 74.

pellent. Une banque mondiale d'une richesse inestimable, qui ne connaît pas la crise, attestant que les rêves ont, encore et toujours, bien des choses à nous apprendre, à nous dire… pour peu qu'on y prête attention et qu'on sache les écouter.

La voix de l'inconscient

« J'étais dans une période de ma vie où tout semblait réglé comme du papier à musique. Travail d'architecte d'intérieur épanouissant, couple équilibré, vie de famille et amicale harmonieuse, belle maison, etc. À 38 ans, ma vie ressemblait à un rêve… pourtant, c'est précisément un rêve qui est venu (me) réveiller ! Je me trouve à la maison, entouré de ma femme, mes trois enfants, mes parents et mes collègues, mais tous portent un masque, avec une expression neutre, glaçante. Ils agissent comme des robots. Je me sens horriblement *étranger, d'autant qu'ils semblent ne pas me voir. Je ne sais pas quoi faire pour me faire remarquer… Subitement, les murs de la maison se resserrent comme un étau autour de moi. Je panique ; je suis paralysé. Je m'enfuis* in extremis, *par la porte d'entrée (dont je perçois les moindres détails ; la serrure, les griffes et éclats dans le bois)… et là, alors que tout le rêve se déroulait dans le cadre habituel, je débouche sur un monde inconnu, merveilleux, avec des lacs, de la nature sauvage, des papillons… et une modeste cabane en bois, posée au bord de l'eau. J'y pénètre et je ressens un immense soulagement. M'y attendent une femme et des enfants, tout sourire. J'ai la sensation intense d'avoir trouvé ma place, et je suis triste, au réveil, que cela ne soit qu'un rêve »*, partage Niels.

Les jours qui ont suivi, ce dernier ressent un malaise diffus ; d'autant plus qu'il ne se souvient pas, d'ordinaire, de ses rêves... *« C'était comme si ce rêve était venu me secouer et me réveiller d'un long sommeil ; d'une vie où le confort m'avait anesthésié »*, confie-t-il. Il entame alors une thérapie, au cours de laquelle il prend conscience qu'il est *« à côté de sa vie » (sic)*. Pour le bien-être de ses proches, il dit *« s'être oublié en chemin »*, alignant ses goûts sur ce qui plaît à son entourage. Six mois plus tard, Niels se sépare de son épouse et trouve un accord concernant la garde des enfants. Parallèlement à son travail, il reprend des études en ébénisterie. *« C'était mon rêve d'ado ! Mes parents, très attachés à la réussite sociale (tout comme mon ex-femme, d'ailleurs), m'avaient dissuadé de me diriger vers ce métier manuel. Raison pour laquelle j'avais opté pour l'architecture d'intérieur. Aujourd'hui, ma vie est certes plus compliquée, plus sobre aussi, mais tellement plus proche de qui je suis ! Deux ans après ma séparation, j'ai rencontré, au cours d'une randonnée, ma compagne actuelle, maman de deux enfants. Est-ce la femme de mon rêve ? Je ne sais pas, mais c'est la femme de* mes *rêves ! Ce que je ressens est étrangement semblable au bien-être touché du doigt en rêve. Une chose est sûre : mon inconscient m'a fait signe, cette nuit-là... et je suis infiniment heureux d'y avoir prêté attention »*, conclut-il.

Rêve et inconscient : le sujet est lancé... Le rêve ferait-il remonter des eaux troubles de nos profondeurs, tout ce que l'on refoule dans l'inconscient, tout ce que l'on ne perçoit pas ou refuse de voir dans la lumière aveuglante de notre vie consciente ?

Pour Anne Dufourmantelle, le rêve est clairement cette interface qui ouvre sur le symbole, le symbolisme, assurant une régulation du psychisme. Et de préciser : *« Le rêve est une des voies (et il n'y en a pas tant que ça) qui permet d'entrer en lien avec notre Soi perceptif – qui excède de beaucoup le moi. Le moi a tendance à réduire la perception à lui-même, afin que l'on ne puisse pas soupçonner qu'il n'est qu'une fenêtre ou qu'une pièce dans une grande demeure. Le moi-gouvernail censure constamment ; un peu comme le ferait une trop bonne mère ne voulant pas que l'on parte en exploration – de peur que nous ne nous fassions mal, que nous ne nous perdions en route. Ça fait des vies très étriquées ! Le rêve, lui, nous donne les clés de la demeure entière ! On se rend compte, alors, qu'il y a tout un tas de pièces inexplorées*[1]. »

Pilier des théories de la psychanalyse, le rêve est considéré par Freud comme « *la voie royale vers l'inconscient*[2] », lui permettant notamment une nouvelle approche de ses malades schizophrènes. « *À l'inverse des singulières assertions qui prétendent que les rêves troublent le sommeil, nous devons voir dans le rêve le gardien du sommeil* », allègue-t-il.

Pour Carl Gustav Jung, son disciple, qui deviendra son dissident : « *Quand un homme entre dans une phase significative de son destin, on peut assurer avec certitude qu'il en a été averti par ses rêves.* » Le rêve nous maintient donc en alerte. En éveil, pourrait-on dire, par-delà le brouillard et les barrières contraignantes de notre vie consciente.

Dans cette vision, le rêve procède d'un monde intérieur (au contraire, par exemple, de la conception antique qui y voyait un message en provenance de l'extérieur

1. En entretien.
2. Freud met en garde, dans ses écrits, contre la « surestimation » romantique ou mystique qui ferait du rêve le lieu d'ascension de l'âme vers l'inconnu, préférant se focaliser sur le « travail du rêve ».

de l'humain). La psychanalyse a donc contribué à faire entrer le rêve dans l'ère moderne.

Pour comprendre l'apport de la psychanalyse, remontons brièvement le fil du rêve freudien… Nous sommes fin 1899. Paraît un livre, *Die Traumdeutung*[1], qui augure du nouveau siècle et de ses espoirs. L'ouvrage est d'ailleurs daté de 1900, pour marquer le coup et faire plus « tendance », dirait-on aujourd'hui. Il s'agit de la première grande œuvre freudienne (même si ce livre recueille peu de succès, à sa sortie). Quatre ans de travail auront été nécessaires à Freud pour écrire cet ouvrage, où il expose la clé de voûte de son approche de la psychoanalyse (qui deviendra la psychanalyse) : le rêve est l'accomplissement d'un désir, principalement de nature sexuelle. Un souhait qui se heurte aux interdits et se trouve refoulé dans l'inconscient. Le désir cherche alors à s'exprimer sous une forme détournée : un scénario imaginaire où les personnages, les situations, les actions sont métamorphosés, métaphorisés, sous une forme symbolique. Aux confins du traité scientifique, du journal intime (Freud y relate ses propres rêves phares, aux côtés de ceux d'autrui et d'exemples empruntés à la Bible et au monde antique) et de l'écrit initiatique, *L'Interprétation du rêve*, ouvrage complexe, est considéré comme le livre *du* rêve, dans ce qu'il a de plus baroque, de plus foisonnant.

En 1901, suite à la demande d'un éditeur, Freud publie cette fois *Über den Traum*[2] qui est cette fois un

1. Sigmund Freud, *L'Interprétation du rêve*, Points Essais, 2013.
2. Sigmund Freud, *Sur le rêve*, Gallimard, 1988 pour la traduction française (nouvelle édition Folio Essais, 2012).

livre *sur* le rêve, plus accessible et plus classique que le précédent. Pour le psychanalyste Didier Anzieu, qui a préfacé l'édition française de *Über den Traum* (en 1988), *Die Traumdeutung* constitue une initiation à l'inconscient, alors que *Sur le rêve*, lui, introduit à la psychanalyse.

En 1925, confronté aux cauchemars récurrents des soldats de la Première Guerre mondiale, souffrant de stress post-traumatique, Freud sera amené à remanier quelque peu sa théorie. Difficile, en effet, d'associer les cauchemars de ces soldats névrosés (revivant, en boucle, lors de leurs songes nocturnes, les scènes horribles qu'ils avaient vues et vécues) à l'expression déformée d'un désir sexuel... Freud amende alors sa théorie, en reconnaissant qu'une autre pulsion, de nature agressive, s'exprime et qu'elle peut être retournée contre soi.

À la même époque, Carl Gustav Jung, l'ex-fils spirituel de Freud, entré en dissidence, élabore sa propre théorie sur le rêve. Sans renier les apports du fondateur de la psychanalyse, il reprend le paradigme selon lequel le rêve est l'expression des pulsions profondes, mais refuse de les cantonner au seul caractère sexuel. En s'appuyant notamment sur les grands systèmes d'interprétation des rêves depuis l'Antiquité, il envisage plutôt les rêves en lien avec un « inconscient collectif », mobilisant des « archétypes » et « instincts multiples ».

Peut-on, pour autant, affirmer que le rêve possède bien un sens, en lien avec l'inconscient ? *« C'est le pari de Freud, pour ma part, je resterais prudent car les éléments de preuve d'un lien entre le rêve et un potentiel inconscient restent ténus, puisque le sujet peut toujours reconstruire un sens dans l'après-coup, et que de ce fait, une analyse* a posteriori *n'est la preuve de rien. Elle peut aussi n'être qu'une spéculation répondant à un vieux besoin de l'homme : ne pas rester dans le vide, l'incertitude ou l'inexpliqué, mais donner du sens à tout, quitte à faire appel à des notions par nature non vérifiables »*, souligne le psychologue et hypnothérapeute Antoine Bioy[1].

Quoi qu'il en soit, il apparaît évident que pour comprendre quelque chose à l'esprit humain, dans toute sa complexité, ses contradictions et autres refoulements, il faut pouvoir aller au-delà de l'introspection (en tant qu'inspection du moi conscient). Découvrir ainsi *« quelqu'un qui soit en moi plus moi-même que moi »*, pour paraphraser Paul Claudel. Et nos rêves sont une voie (voix) souveraine pour nous accompagner dans cette exploration souterraine.

« Le rêve est une allusion », écrivait le surréaliste belge Louis Scutenaire. Encore faut-il savoir lire entre les lignes, pour en extraire la substantifique moelle, le suc précieux…

Trouver la clef des songes

« Je suis dans un taxi, jaune vif et bleu roi. Tout en rondeur, il ressemble à une navette spatiale. Les portes s'ouvrent comme des ailes de papillon. Un inconnu monte. Il est difforme, laid, mais je me sens de suite en confiance et c'est très doux comme impression », témoigne Nadia, qui avoue ne pas comprendre la « clé » de ce rêve, auquel elle pense souvent…

Comment, en effet, bénéficier de l'intelligence du rêve, de son génie créatif ? Comment l'interpréter, sans

1. Antoine Bioy, « Insaisissable inconscient », *Inexploré*, n° 10, avril-juin 2011, p. 30.

tomber dans des lectures (auto) complaisantes, hâtives, caricaturales et stéréotypées, forcément restrictives ?

« Le rêve est à l'origine de la création mais il n'est pas la création. Il nécessite une conversion », avertit le psychiatre, psychanalyste, dramaturge, Jean Gillibert (disparu récemment).

Il est possible d'interroger les rêves, mais images et symboles sont à pondérer avec le vécu personnel (conscient/inconscient) et le terreau culturel, afin de pouvoir y donner sens. Ainsi, pour le psychanalyste Jacques Lacan il apparaît évident que le symbole qui fleurit en rêve a une signification, qui ne peut être comprise que par l'histoire personnelle du rêveur.

Mais donner un sens, n'est-ce pas déjà trahir le rêve ; sa singulière radicalité, son intelligence directe ? *« Donner du sens aux choses fait partie intégrante de la dignité humaine. Il s'agit de ne plus subir les événements ! C'est pourquoi le travail des rêves a toute sa place »*, oppose Roland Pec[1]. *« Les rêves n'ont pas de signification, mais ils peuvent recevoir des interprétations. Interpréter les rêves est utile, car* [les rêves] *permettent cette rupture dans la perception, indispensable à la création et à l'invention de nouvelles solutions »*, complète Tobie Nathan, même s'il pointe les limites de l'interprétation (voir plus bas)[2].

Écouter, interpréter la voix des songes est une quête millénaire, qui a revêtu diverses formes et méthodologies, selon la place que l'on accordait au rêve, l'origine qu'on lui attribuait et la lecture que l'on en faisait.

« Ne fermez pas la porte à la lumière des rêves », conseillait déjà Clément d'Alexandrie, premier lettré grec chré-

1. En entretien.
2. Conférence INREES avec Tobie Nathan, *À quoi sert le rêve ? op. cit.*

tien. Pour bénéficier de leur clarté, le Moyen Âge s'est ainsi passionné pour l'antique *Oneirokritika*, recueil d'oniromancie rédigé par Artémidore d'Éphèse (IIe siècle av. J.-C.) – déjà évoqué au début de cet ouvrage. En son temps, Artémidore a rencontré les devins, décrypté les traités anciens et recueilli des témoignages, au cours de ses nombreux voyages. Dans cette *Clef des songes*, on peut découvrir plus de trois mille rêves et leur interprétation. « Clef » étant entendu, ici, comme la solution d'un problème, d'une énigme… Sans interprétation, donc, pas de résolution !

Sigmund Freud était un familier de l'*Oneirokritika*, qu'il cite d'ailleurs dans *L'Interprétation des rêves*. Même si le père de la psychanalyse n'était pas en phase avec toutes les interprétations d'Artémidore, certaines d'entre elles n'étaient pas si éloignées de ses propres conceptions : ainsi, Artémidore suppose-t-il qu'un rêve de vase peut symboliser le sexe féminin, alors que rêver d'un mât de bateau renvoie peut-être au phallus…

Force est de constater que les interprétations ont considérablement varié selon les civilisations, les époques et les courants de pensée – imprégnées qu'elles sont par les us et coutumes (profanes et sacrés). Ainsi, dans les « clés des songes » égyptiennes, les rêves d'inceste sont-ils considérés comme favorables : rêver que l'on copule avec sa mère ou sa sœur représente un signe d'alliance bénéfique en vue[1]. Alors qu'au XVIe siècle Chelomo Almoli, dans son traité *Pitron Halomot* (qui signifie « résolution des rêves », mais que l'on a traduit en français par « La

---

1. Edda Bresciani, *L'Égypte du rêve. Rêves, rêveurs et interprètes au temps des pharaons*, Payot, 2006.

Clef des rêves »), considère qu'un rêve d'inceste signifie plutôt que le rêveur a des ennuis à la synagogue ; que des rumeurs circulent à son sujet et qu'il serait bon de prier et de se tenir correctement[1].

Dans notre époque contemporaine, ce sont les « dictionnaires des rêves » qui s'imposent comme des succès de librairie, soulignant l'appétence du public pour les décryptages « clé sur porte (sur rêve !) », dans la foulée d'une soif de sens. Ces dictionnaires oniriques se proposent de traduire, en quelque sorte, le contenu symbolique de nos « superproductions » nocturnes, mêlant les apports de la psychanalyse (freudienne, jungienne...) et bribes de traditions mythologiques antiques (voir bibliographie, p. 239). Des dictionnaires qui seraient, toutefois, à prendre avec des pincettes, en raison de leurs grilles d'interprétation « toutes faites ». Standardisées. Rien de plus qu'une vulgate psycho-ésotérique, disent leurs détracteurs...

Comment, alors, s'approcher au plus près de ce que nous dit, de ce que nous donne, le rêve ? D'autant que *« ce qui est dit dans le rêve n'est pas littéralement ce qui est dit dans le rêve »*, souligne, énigmatiquement, Roland Pec.

Ce rêve, qui nécessite une interprétation, une conversion, s'avère, lui-même, être le produit... d'une conversion ! Conversion des éléments de la veille, des traumas archaïques et des sources inexplorées qui, en collision avec l'actualité, vont être transposés, symbolisés en images.

« Le rêve nous ouvre à notre être tout entier. Il déjoue nos stratagèmes. Il existe tout un alphabet du rêve ! Il procède

1. Conférence INREES avec Tobie Nathan, *À quoi sert le rêve ? op. cit.*

avec des modes opératoires particuliers, comme le retournement ; tout peut s'inverser (vous êtes poursuivi mais en réalité vous poursuivez, la persécution peut représenter du désir, la haine de l'amour). En rêve, le temps va être symbolisé en espace, les pulsions en animaux. Le rêve ne connaît pas la négation ; elle sera donc formulée autrement. Il peut aussi jouer très finement sur les mots : Vincennes peut signifier "vaincre la scène". En fait, c'est un mécanisme de haute précision », s'émerveille Anne Dufourmantelle[1].

Tout rêveur qui se met à explorer, à raconter son rêve, se connecte donc automatiquement à un réservoir beaucoup plus vaste que ce qui constitue son stock d'images, de souvenirs personnels.

Une question se pose : avec une telle intelligence spontanée, le rêve n'est-il pas *agissant* en soi ? Nécessite-t-il à tout prix une « traduction », une interprétation, une conversion, pour prendre toute sa place dans notre destinée ?

Pour Anne Dufourmantelle, le simple fait de se rappeler un rêve le rend en partie opérant, même quand il n'est pas interprété. Le travail solitaire avec les rêves permet, à tout le moins, une mise en route essentielle de l'être. *« En écrivant le rêve, en se le remémorant, on connecte la conscience avec ce réservoir plus vaste ; on se relie à un principe d'altérité qui appartient au monde. C'est déjà un acte, en soi. Une manière d'augmenter, de polariser le message du rêve lui-même. Mais, selon les rêveurs et la profondeur à laquelle ils ont accès, j'estime que pour que les rêves soient pleinement agissants, cela nécessite de l'interface et de la participation humaine ; par le biais de la parole et de la mise en conscience. Et, éventuellement, via un travail sur soi,*

1. En entretien.

qui peut permettre d'aller interroger à bon escient où en est le rêveur en réalité. Quel est le désir qui l'anime ? Quel est le souhait qu'il porte ? Le trauma qui l'a impacté ? Cela suppose de faire un travail d'enquête. »

Dans ce travail sur les rêves, analytique ou philosophique (nous verrons plus spécifiquement le travail énergétique des rêves dans un autre chapitre), la parole adressée a une valeur très particulière, du fait *précisément* d'être adressée. « *Cela sous-entend que vous ayez suffisamment confiance dans un autre, pour vous dire que vous allez être entendu différemment de lui. Et ce tiers vous renverra des éléments de ce que vous dites, mais que vous n'entendez pas. Cela met forcément en branle ! C'est un chantier qui s'ouvre* », précise Anne Dufourmantelle.

Il faut bien avouer que, de soi à soi, on a tendance à prendre toujours les mêmes routes ! Et c'est justement parce que l'information nous revient par l'entremise d'un *autre* que l'on parvient à s'entendre (du verbe « entendre »), au-delà de nos tics de pensée et conditionnements.

Selon Roland Pec, somnologue et psychologue – qui travaille donc à l'articulation entre la biologie et la psychologie du rêve, interpréter signifie donner un sens au rêve… dans les deux sens du terme : signification et direction. « *L'enjeu n'est pas de chercher la vérité des rêves. L'essentiel, selon moi, c'est la direction : vers quoi ce rêve tend-il ? Quelle orientation indique-t-il, en état vigile ? Le thérapeute, lui, est un facilitateur, un maïeuticien*[1]. »

Lors de sa conférence à l'INREES, Tobie Nathan a tenu à souligner que si le rêve a besoin d'un inter-

---

1. En entretien.

cesseur, tout interprète instrumentalise *de facto* le rêve. *« C'est la raison pour laquelle j'affirme que le problème du rêve, c'est son interprétation »*, reconnaît-il. Et de citer le *Talmud Bavli (Traité Berakhot)* : *« Tous les rêves marchent selon la bouche. »* Sous-entendu : de celui qui l'a interprété. Attention, donc, à qui l'on confie ses rêves !

L'islam donne au rêveur le conseil de surtout très bien choisir à qui l'on révèle ses songes : le rêve est au premier interprète, dit cette sagesse. *« Tu ne dois le dire qu'en secret, comme il t'a été donné. Ne raconte à personne ton mauvais rêve*[1]*. »*

Quant au Talmud, il relate une histoire tragique… Dans cette parabole, une femme vient trouver le rabbin Eliezer et lui confie qu'elle a rêvé que le grenier de sa maison se déchirait. Le maître lui répond qu'elle enfantera d'un fils. Et c'est ce qui arrive. Un an plus tard, elle revient le voir avec un rêve identique. Le rabbin lui répond qu'elle aura un autre fils, et c'est ce qui advient. L'année suivante, toujours avec le même rêve, elle revient consulter Eliezer. Or, ce dernier est en voyage. Ses disciples lui annoncent alors la mort de son père… et c'est ce qui arrive. De retour, Eliezer apprend l'histoire et se lamente, en disant à ses disciples qu'ils avaient tué cet homme…

« Le rêve est, par essence, un objet de donation et d'échange, transférentiel ou non, adressé à soi-même et à un découvreur d'énigme, à un thérapeute, à la communauté tout entière », précise le psychanalyste Pierre Lembeye[2].

1. Maurice Blanchot, « Rêver. Écrire », *Nouvelle Revue Française*, 1er juin 1961, n° 102, p. 1090.
2. En entretien.

Dans les chapitres ultérieurs, nous reviendrons plus en profondeur sur « le travail du rêve », avec divers outils et méthodologies (gestalt-thérapie, yoga du rêve, chamanisme, etc.) qui pourront vous accompagner dans la mise en lumière de vos songes nocturnes.

Toutefois, à ce stade-ci du livre, il n'est pas inutile de souligner un point essentiel pour les explorateurs de rêve que nous sommes tous, à des degrés divers. Parmi les modes opératoires du rêve, il y en a un à côté duquel nous risquons de passer : le rêve a le génie du détail ! Détail qui, tout anodin qu'il paraisse dans notre scénario (une robe rouge, une écharpe nouée autour du cou avec trois nœuds, un mur jaune...), risque dans notre relecture et digestion du rêve de passer à la trappe...

« Chaque détail, dans un rêve, figure le rêve entier. Tout élément qui le compose est à prendre en considération, surtout les fragments qui semblent ne se rapporter au scénario que de très loin », souligne Anne Dufourmantelle. De l'avantage du travail et de l'écoute analytique : *« L'analyse va zoomer sur un détail... pas si anodin que ça »*, poursuit Anne Dufourmantelle. Un exemple : vous rêvez d'une dispute en couple. Vous avez cassé une assiette. Incidemment, c'est une assiette de votre grand-mère. L'analyse va plutôt zoomer sur cette grand-mère, et se désintéresser de la dispute.

Cette analyse quasi pointilliste du contenu onirique ouvre une tout autre perspective dans la manière de regarder ses rêves. Et c'est d'autant plus vrai pour des rêves à première vue d'une grande banalité, que nous serions tentés de traiter comme quantité négligeable... Lors de son intervention dans l'émission « La Tête au carré » sur France Inter, Jacques Montangero s'est ainsi amusé à partager un rêve, qui illustre bien la force inventive et l'art du détail de nos scénarios oniriques, même les plus banals[1]. Voici son rêve : *« Je sors un papier important de mon imperméable, et voilà que tombent plein de papiers. Je me penche : ce sont des fragments de feuilles. Je me vois avec une précision folle, essayer de me saisir de ces petits bouts de papier (je me souviens des formes, des couleurs) ; ils adhèrent. Je fais alors une boule et j'ai la sensation tactile de la boule dans mes doigts. L'idée, c'est que je dois faire cette boule pour ne pas confondre ces fragments avec le papier précieux. Je suis perplexe au réveil. Je me demande pourquoi ce rêve insiste sur quelque chose d'aussi banal ?! En (m')appliquant mon approche – qui met le rêve en rapport avec le vécu, je tente de discerner quelle est l'idée maîtresse derrière ce détail. Pourquoi mettre ces papiers en boule ? Immédiatement, il m'est apparu que je devais séparer, distinguer ce qui est précieux de ce qui est à jeter. Et trois minutes plus tard, j'avais compris : il règne sur mon bureau un désordre incroyable… Je savais ce qu'il me restait à faire ! »*

La prochaine fois que nous rêverons, n'hésitons pas à nous pencher sur les minuscules détails et autres menues inventions de l'inventaire à la Prévert dont seuls sont capables nos rêves !

1. Sur France Inter, dans « La Tête au carré », émission présentée par Mathieu Vidard, 12 juin 2013.

Des rêves extraordinaires

Fiez-vous aux rêves,
car en eux est cachée
la porte de l'éternité.

Khalil Gibran

Ces rêves qui nous transforment

La nuit porte conseil… certaines nuits plus que d'autres ! Au creux du sommeil, au cœur de nos existences, il arrive que surgissent – car il s'agit d'un vrai *surgissement* – des rêves saillants. Bouleversants, dans le sens de la « révolution » qu'ils font accomplir à l'être. Ces Éveilleurs viennent faire écho à nos intimes profondeurs, et sont donc infiniment personnels. Tout intimes qu'ils soient, ces rêves ont cependant l'art de refléter les grandes questions de l'humanité, à la vie, à la mort. *« De même que certains textes appartiennent à la littérature parce qu'ils atteignent à l'universel et réinventent la langue, certains songes métabolisent, dans leur chimie particulière, une intensité, une richesse de sens, une force symbolique qui dépassent très largement le seul paysage onirique du rêveur »*, écrit Anne Dufourmantelle[1].

Extraordinaires, ces songes peuvent l'être en raison du spectaculaire de leur scénario, de la puissance de leur message, des capacités hors normes qu'ils déploient en rêve ou encore de l'éveil de conscience qu'ils entraînent.

Dans les pages qui suivent, nous découvrirons ainsi des rêves lucides, des songes partagés, mais aussi des rêves guérisseurs, prophétiques, créateurs ou encore annonciateurs d'une mort prochaine…

Par leur nature exceptionnelle, ils ont tous, peu ou prou, infléchi le cours du destin des rêveurs.

Ces rêves marquants, fondateurs même, peuvent également se distinguer par leur (impertinente) pertinence. En lien étroit et signifiant avec le vécu courant du rêveur, que cela soit en termes de timing, de « film » du rêve et de possibles réponses apportées à une problématique, qu'elle soit brûlante ou récurrente. Et ce, malgré leur caractère souvent incongru à première vue.

Ces rêves-là illustrent alors *à merveille* le fameux concept de synchronicité, cher au psychanalyste Carl Gustav Jung. Concept que ce dernier a formulé, faut-il rappeler, en collaboration avec le physicien Wolfgang Pauli ; ce scientifique s'est illustré en prouvant que des particules séparées réagissent de la même façon au même moment, sans qu'elles aient de liens apparents.

1. Anne Dufourmantelle, *Intelligence du rêve, op. cit.*, p. 29-30.

Le rêve et l'« éveil » nocturne qu'il opère, véritable traversée du miroir, en reflet à l'éveil du jour, sont donc un lieu d'expression rêvé de la synchronicité. *« Ce concept (de synchronicité) suggère que la psyché et la matière sont reliées ensemble par le même arbre et que les symboles ou messages peuvent fleurir tout autant sur les branches de nos rêves que sur celles de la réalité »*, éclaire le psychologue canadien Jean-François Vézina, l'un des spécialistes du sujet[1]. L'extraordinaire jette donc un pont entre le rêve et la réalité, entre la nuit et le jour. *« Dans la négociation avec l'inconscient, il y a deux voies (et voix !). La première frappe à la porte de la nuit par le biais symbolique des rêves. Si nous n'avons pas été réceptifs, alors l'inconscient nous cherche en plein jour à travers des événements, des rencontres, des coïncidences porteuses de sens »*, poursuit Jean-François Vézina.

L'exemple le plus connu provient de Jung, lui-même. Une de ses patientes se trouve bloquée, au point mort, dans sa thérapie. Cette femme, très rationnelle, a difficilement accès à son inconscient. Un jour, elle arrive à sa séance habitée par un rêve étrange. Insensé, pourrait-on même dire : cette nuit, on lui a offert un scarabée doré… Alors qu'elle partage ce rêve avec le thérapeute, un léger « toc » interpelle Jung et sa patiente. C'est un insecte qui frappe au carreau. Carl Gustav Jung ouvre la fenêtre, se saisit de l'insecte et le dépose près de sa patiente… Il s'agit d'un scarabée doré ! On peut facilement imaginer le choc et l'émotion ressentis par cette patiente, remuée dans ses certitudes. Ce qui a pour effet immédiat de débloquer la situation. Le travail

1. En entretien.

thérapeutique peut alors réellement commencer. Ces deux épisodes – le symbole intérieur (le rêve de scarabée) et la réalité extérieure (un insecte qui vient frapper à la fenêtre) – en soi n'ont rien à voir, mais ils entrent en résonance et sont liés par le sens. *« Il n'y a de synchronicité que parce que ça a du sens »*, souligne Michel Cazenave, philosophe et écrivain, traducteur et grand connaisseur de Jung[1].

Il arrive très souvent que ces rêves initiatiques – révélateurs et transformateurs – s'inscrivent dans le roman de la vie entre deux chapitres, durant des périodes de transition. De chaos, parfois. Les symboles du rêve viennent alors en soutien, voire au secours, de cet esprit qui cherche à négocier au mieux, et parfois à tâtons, les caps et les défis de l'existence. Quitte à forcer le trait, de manière théâtrale ! Armelle approche de la cinquantaine. Son couple est en pleine tourmente. Malgré une distance qui se creuse et de fréquentes disputes, les partenaires se retrouvent embourbés dans un statu quo mortifère. Une nuit, peu de temps avant la nouvelle année, elle fait ce qu'elle appelle un rêve « fondateur ». *« Je marche tout au bord d'une digue, en pleine tempête. Des vagues énormes viennent s'y briser et projettent des gerbes d'écume qui m'éclaboussent. Je m'en moque, je poursuis aveuglément ma route. La digue-rempart tourne et je négocie comme je peux ce virage. Une vague m'emporte. Horrifiée, je me dis que tout est fini… Je vois clairement les rochers qui forment cette digue s'éloigner, quand une vague me rabat sur les parois. Je m'y accroche fermement. Sous mes mains, je sens la pierre rugueuse et ma vie qui ne tient qu'à un fil, ou plutôt à ma*

1. En entretien.

détermination. J'arrive miraculeusement à remonter la pente, alors que je pensais mourir ! »

Armelle est encore émue lorsqu'elle partage ce rêve, dont chaque mot compte. Il a joué un rôle de détonateur. À peine le cap de l'an neuf passé, elle a quitté son conjoint. « *Je perdais pied dans cette histoire de couple, où il n'y avait plus vraiment de dialogue possible. Je n'osais pas faire le premier pas pour changer les choses, de peur* littéralement *de me noyer – dans la tristesse (je me sentais encore très amoureuse), dans la culpabilité et la misère, vu que je ne travaillais pas à l'époque. Ce rêve est non seulement venu me réveiller, mais aussi me conforter : je n'allais pas couler à pic ! Une fois ma décision prise, l'horizon s'est ouvert comme par magie. Sans ce rêve, survenu à une période charnière, à quelques jours du Nouvel An, je ne suis pas certaine que j'aurais franchi le pas de la séparation. J'ai vraiment vu ce rêve comme un signe* », relève Armelle.

Pour Anne Dufourmantelle, l'eau, abondamment présente dans ce rêve-clé, peut symboliser le ressac émotionnel qui risque de submerger la rêveuse et pourrait lui enlever toute capacité d'agir… Dès lors, elle voit dans ce rêve « *une bénédiction, qui survient pour l'aider à rassembler ses forces, son courage, afin de traverser l'épreuve* ».

Même quand il s'agit d'un cauchemar retentissant, Anne Dufourmantelle souligne dès lors l'importance de l'accueillir. « *Même si vous n'avez aucune envie de vous en rappeler* », dit-elle. De toute façon, ces rêves marquants se rappellent volontiers à notre bon souvenir… « *Ces rêves sont là POUR vous ! Afin de vous aider à franchir quelque chose (une situation problématique, un cap, un changement) qui, de toute manière, est là, que vous le vouliez ou non. Le rêve vient vraiment écoper ce qu'il y a à écoper »*, précise Anne Dufourmantelle[1].

Quelle est donc la « marque de fabrique » d'un rêve fondateur ? Car n'est pas « grand rêve » qui veut ! *« On a une expression à Québec : quand on a un marteau dans les mains, on voit des clous partout »*, ironise Jean-François Vézina. Attention, donc : à voir des signes partout et trop de sens peut devenir un non-sens, à même de nous faire décoller de la réalité !

Les rêves « alchimiques » – autrement dit, ceux qui nous poussent à la transformation, à la compréhension profonde ou à un éveil de conscience – ont souvent en commun d'être marqués par un *avant* et un *après.* On n'est plus tout à fait le même après un tel rêve. Il provoque une décharge qui invite au changement, ou vient éclaircir un horizon qui semblait jusqu'alors bien nébuleux. Dans la foulée, il nous met en branle. À l'image d'un Zip, il allume le feu de notre détermination, nous donnant le signal de l'entrée en action.

« Les rêves sont les clés pour nous sortir de nous-mêmes », écrivait Georges Rodenbach, familier du symbolisme, qui tirait sa substance artistique de l'étoffe des rêves… *A fortiori* quand ils viennent nous extirper de la glaise de l'immobilisme ou du fatalisme. Mais ils constituent aussi un rendez-vous privilégié avec soi-même, hors de nos automatismes d'action et de pensée.

Soulignons que tous les songes-clés ne sortent pas forcément le grand jeu… Un rêve peut se révéler extraordinaire, sans être spectaculaire ! Il est des rêves infimes qui ouvrent sur l'infini…

---

1. En entretien.

Ceux-ci se passent parfois même de l'image ! Elsa nous partage « le » rêve de sa vie. Un si petit rêve, mais avec une portée colossale. La jeune femme n'a pas encore 30 ans quand elle perd simultanément son père et sa mère. Une situation qui l'insécurise d'autant plus que son statut d'indépendante rend son quotidien précaire. Elle dit se sentir, à cette époque, *« funambule, sur un fil »*. Tout lui semble lourd et insurmontable. C'est là qu'elle fait un rêve incroyable. Un rêve de clarté, pourrait-on dire. Avec une connotation spirituelle très puissante. *« Il n'y avait aucune image ! Juste une voix, avec qui je dialoguais et philosophais. Je disais à cette présence, que je ne saurais définir : "Il suffit de vivre simplement" (sous-entendant qu'il me fallait vivre humblement, laborieusement). Et la voix de me répondre clairement et très distinctement : "Non, il suffit de vivre !" Cette minuscule inversion dans la phrase, qui peut sembler insignifiante, marquait un changement total de paradigme par rapport à cette existence que je semblais porter, voire supporter, comme un fardeau. Ce rêve m'a ouvert un nouveau monde ! Il a modifié en profondeur ma façon d'être et de vivre. Il m'a permis d'accueillir les événements, avec davantage de légèreté, de sérénité et de confiance. De magie, pourrais-je même dire, vu l'intensité et la pertinence du rêve que j'avais fait »*, confie-t-elle.

Des années se sont écoulées depuis, mais Elsa y « songe » encore tous les jours. Anne Dufourmantelle y voit le sceau de tout rêve prompt à nous transformer. Un rêve-racine. Emblématique, donc. *« Il permet de sortir d'une logique de survie pour entrer dans la vie ! »* Au travers de son message limpide et d'une grande puissance, ce rêve résume une des missions phares de l'activité onirique : passer d'une manière de vivre subie et passive, à la pleine jouissance de l'existence, sans en nier pour autant les aléas. *« En nous décalant quelque peu de la réalité, le rêve nous ouvre une fenêtre, inattendue, inespérée. Il nous révèle un autre paysage possible »*, dit encore Anne Dufourmantelle[1].

Qu'est-ce, au final, un « grand rêve » ? *« Une possible réparation »*, conclut Anne Dufourmantelle. Grâce à son intelligence propre, le « grand rêve » est à même de sauver l'être de l'absurde ou d'un destin contrarié... pour peu que nous lui offrions l'hospitalité !

Le rêve lucide

Et si nous ouvrions une (grande) porte sur la liberté ? C'est l'invitation prodigieuse du rêve lucide !

S'éveiller en rêvant... Le sujet mérite en soi un livre, et même davantage, tant il ouvre de perspectives passionnantes, qui jettent un pont éclairé entre sagesses traditionnelles et sciences de pointe[2] !

Dans le cadre de cet ouvrage-découverte, qui distille le goût des différentes facettes du rêve et en explore la substantifique moelle, nous vous proposons de partir à la rencontre de l'extraordinaire puissance et « vivance » du rêve lucide !

Entrons dans le vif du sujet par un témoignage parlant : *« Dans une salle carrée aux murs blancs, je lévite en tapant du pied sur le sol, et je deviens lucide. Je ne monte pas jusqu'au plafond d'un blanc immaculé, je ne le traverse pas comme d'habitude pour explorer le monde... Il me semble*

1. En entretien.
2. Nombreuses sources sur le rêve lucide, dans la bibliographie, p. 239.

que j'ai autre chose à faire cette fois-ci. Je remarque qu'une même pièce carrée jouxte maintenant la mienne et une femme s'y trouve allongée en souffrance, c'est mon amie M., elle me montre son corps malade, je me rappelle qu'elle est en danger de mort dans la réalité. Elle me fait comprendre que voler soulagerait sa souffrance. En un instant, je suis près d'elle et je la prends à pleins bras, cela soulage sa souffrance. Je ne peux monter plus haut qu'un mètre à cause de son poids, je la berce et c'est très bien ainsi pour nous deux. Ainsi je peux accompagner mon amie, non seulement par mes visites concrètes, mais aussi en rêve… Je le lui dis, et nous sentons cela comme un cadeau du ciel pour nous deux », raconte la psychologue et psychothérapeute Monique Tiberghien, enseignante en rêve et rêve lucide, habituée donc à « éveiller » la conscience au cœur du sommeil de rêve[1].

Qu'est-ce qu'un rêve lucide ? La définition habituelle, simple et minimaliste, est le fait de… savoir qu'on rêve quand on rêve ! Autrement dit, rêver consciemment signifie, en toute logique, rêver tout en étant pleinement conscient de rêver. Une définition limpide portée, notamment, par Stephen LaBerge. Ce chercheur et enseignant à l'Université de Stanford en Californie est l'un des pionniers de l'étude scientifique du rêve lucide. Il a largement contribué à la compréhension du phénomène par ses recherches au sein du laboratoire de psychophysiologie du sommeil de cette prestigieuse université. Au milieu des années 1980, il a fait connaître le rêve lucide à un plus large public par le biais de ses ouvrages et d'un institut qu'il a créé en Californie (Lucidity Institute).

1. En entretien.

Christian Bouchet, auteur d'une thèse de doctorat en lettres sur le sujet, précise cette définition : *« Le rêve lucide est un rêve de sommeil au cours duquel le rêveur sait qu'il est en train de rêver. La conscience de son état y est souvent à ce point vive que les chercheurs l'expliquent par l'émergence de la conscience de veille dans le rêve. »*

« C'est un rêve lumineux, puisqu'il allie la force créative du rêve et la pleine conscience », tient à ajouter Monique Tiberghien. Le rêveur sait donc qu'il rêve, et ce phénomène est associé à une pensée claire, pour ne pas dire clairvoyante.

« Tout le travail consiste à cultiver la maîtrise de ce qui s'y déroule – totalement différente du contrôle qui briserait la spontanéité propre au rêve », relève Monique Tiberghien.

Les capacités de maîtrise du rêve dépendent du degré de lucidité, qui peut être variable. Dans le meilleur des cas, les rêveurs lucides disent être en pleine possession de leurs facultés cognitives en plein rêve : ils rapportent être capables de raisonner clairement, de se remémorer les conditions de vie de la veille, et d'agir (ou pas) volontairement après réflexion et en accord avec les plans décidés avant d'aller dormir. Dans le même temps, ils restent profondément endormis, faisant l'expérience d'un monde onirique qui semble intensément réel[1]. Plus vrai que nature, même !

« Je pris conscience que j'étais en train de rêver. Je levais mes bras et je commençais à m'élever (en fait, j'étais en train d'être soulevé). Je m'élevais dans un ciel noir qui tournait à l'indigo, au violet sombre, à la couleur lavande, au blanc,

1. Stephen LaBerge & Jayne Gackenbach, in *Le Manuel clinique des expériences extraordinaires,* INREES/InterEditions, 2009, p. 212.

pour finir en une lumière très brillante. Durant tout le temps de cette élévation, il y avait la plus belle musique que j'aie jamais entendue. Cela ressemblait plus à des voix qu'à des instruments. Il n'y a pas de mots pour décrire la joie que j'ai éprouvée. Je fus gentiment ramené sur Terre. J'eus le sentiment d'être à un tournant de ma vie et d'avoir pris la bonne direction. Le rêve et la joie ressentie étaient pour moi quelque chose qui ressemblait à une récompense. Ce fut un long retour à l'état de veille avec l'écho de la musique dans mes oreilles. L'euphorie dura plusieurs jours ; le souvenir, lui, est éternel », a ainsi relaté un rêveur lucide américain à Stephen LaBerge[1].

D'après les nombreux récits de rêve lucide, il semble que ceux-ci aient une texture particulière, une « brillance » et une vivance exacerbées.

« *D'après ma propre expérience et les témoignages de milliers d'autres personnes, les rêves lucides peuvent être extraordinairement vifs, intenses, plaisants et exaltants. Nombreux sont ceux qui considèrent leurs rêves lucides comme faisant partie des expériences les plus merveilleuses de leur vie* », s'enthousiasme Stephen LaBerge[2]. Ainsi, en rêve lucide, les sens sont-ils maintenus et les capacités sensorielles plus développées. Le champ visuel peut être plus large, jusqu'à trois cent soixante degrés. On peut voir très loin comme avec des jumelles, ou dans l'infiniment petit comme avec un microscope. La lecture, en revanche, est difficile et ennuyeuse. L'ouïe peut également se modifier et la musique peut devenir, comme on vient de le voir dans

1. Stephen LaBerge, *S'éveiller en rêvant. Introduction au rêve lucide*, Almora, 2008, p. 13.
2. *Ibid.*, p. 17.

le rêve ci-dessus, une expérience très émotionnelle. Le toucher et le goût existent comme dans le corps physique. L'odorat est moins souvent mentionné mais existe néanmoins en lucidité onirique.

Les recherches ont toutefois pointé qu'ils auraient tendance à s'appauvrir avec le temps. Ce qui pourrait s'expliquer par l'importation progressive du « moi de veille » dans le rêve. Ce fameux « moi » pétri de limitations, en particulier le refus de l'absurde qui empêcherait l'émergence d'un scénario aussi « baroque » que dans le rêve « classique »… De l'importance pour la conscience de se libérer du moi de veille pour devenir plus ouverte et créative.

Ajoutons, cependant, qu'il n'est pas forcément nécessaire que le rêve lucide présente un scénario extravagant pour qu'il dispense des enseignements. *« Ce n'est pas le rêve en lui-même qui est magique, mais c'est la maîtrise de ses rêves qui le devient »*, explique Roberto, un passionné de recherches paranormales[1].

Il n'est pas toujours évident de distinguer, dans les récits de rêve, les songes ordinaires et les rêves lucides. Les analyses statistiques montrent, en tout cas, que les rêves lucides font intervenir davantage de mouvements corporels et d'éléments sonores que dans les rêves « classiques ». Deux notions liées par l'idée d'équilibre, qui joue un rôle important dans le rêve lucide.

Florence Ghibellini, journaliste et spécialiste du rêve lucide, distingue deux grands types de rêves lucides. En premier lieu, le rêve lucide « normal », qui résulte

1. Catherine Dalançon, *Journal d'une rêveuse. Pratique du rêve lucide*, Grenoble, Le Mercure Dauphinois, 2013, p. 21.

de l'apparition de la lucidité au cours de rêves nocturnes classiques, et qui présente des caractéristiques et imageries à peu près semblables (maisons/villes, montagnes/mer, forêts/plantes, ciel, gens/animaux, haut/bas, etc.). Et le rêve lucide de « dédoublement », qui apparaît fréquemment, dit-elle, *« à la suite d'un endormissement ou d'un faux éveil »*. Le rêveur a la sensation de quitter ou d'avoir quitté son corps, de se trouver près de son corps, et de reconnaître l'endroit où il se trouve comme le lieu où il s'est endormi : *« une image du lieu ou une image mimant le lieu »*, précise-t-elle. Ainsi, l'expérience hors du corps (EHC) ou, en anglais, OBE *(Out of Body Experience)* ne serait, selon elle, qu'une forme de rêve lucide.

De nombreux chercheurs (dont Stephen LaBerge) abondent dans son sens et voient un lien de parenté psychophysiologique entre le rêve lucide et l'expérience de sortie hors du corps (EHC)[1]. Des rêveurs lucides expérimentés ont proposé des techniques pour « sortir de son corps » à partir d'un rêve lucide, par exemple l'exercice qui consiste à regarder ses mains. Dans le cadre de ses investigations, Florence Ghibellini explique avoir découvert un état particulier du rêve lucide – l'état intermédiaire – et un autre sous-ensemble, le « monde gris » : *« Ce que j'appelle le monde gris est une modalité de l'état intermédiaire où le rêveur croit voir sa chambre, dans une sorte de lumière grisâtre, se retrouve affublé d'un corps aux couleurs bizarres et inquiétantes, difficile à mouvoir, le tout*

1. Ces mêmes chercheurs ont également pointé des similitudes entre le rêve lucide et d'autres expériences anormales (EMI ou expériences de mort imminente, certaines expériences hallucinatoires, mystiques et méditatives…). Expériences liées par le fait de se « désancrer » du moi.

assorti d'un fort sentiment d'insécurité. Il [le monde gris] *est habité de créatures indistinctes souvent hostiles, qui parfois tirent le rêveur par les pieds, et les bruits aussi sont étranges. »*

En fait, elle désigne par là l'espace dans lequel pensent se déplacer les personnes en sortie hors du corps, sous-entendant que cette « sortie » est une illusion car l'espace physique ainsi appréhendé est une recréation psychique du véritable lieu où le rêveur pense se trouver. Pour preuve, de fréquentes incongruités dans les lieux pourtant familiers. Par exemple, le sujet pense qu'il est dans sa chambre, mais la fenêtre ne se trouve pas sur le bon mur, la couleur du papier peint est différente, il neige dehors alors que c'est l'été, etc. Florence Ghibellini précise que c'est Christian Bouchet qui le premier a proposé la notion d'état intermédiaire. Stephen LaBerge considère, lui aussi, que l'expérience hors du corps est un état prélucide dans lequel le rêveur n'a pas conscience qu'il rêve et croit donc réellement sortir de son corps.

Ce genre d'état de confusion est susceptible de se produire notamment lors des « paralysies du sommeil », situations dans lesquelles on sort du sommeil paradoxal pour se trouver incapable de bouger (voir également la section consacrée aux cauchemars, p. 207). Les récits de ces paralysies sont fréquemment associés à la présence d'un « démon » sur la poitrine du rêveur qui l'empêche de bouger et de respirer. Selon LaBerge, il n'y aurait donc pas sortie du corps, car la conscience du sujet se trouverait dans « l'espace mental » ou, selon la formule de Celia Green, dans une *« réalité virtuelle psychique »*.

Cette interprétation est cependant contestée par des personnes qui font des sorties hors du corps et connaissent également le rêve lucide. De leur point de vue, la sortie se produit réellement dans l'espace physique, au sein d'une autre « dimension », et les perceptions objectives sont possibles, même si elles peuvent être mêlées à des perceptions subjectives, sortes de projections de l'inconscient[1].

Pour Roland Pec, ce phénomène aurait une explication neuro-anatomique : ces rêves de dissociation corps/esprit traduiraient vraisemblablement *« la désactivation – à la faveur du sommeil paradoxal – de certaines régions pariétales (le haut du cerveau), responsable, en toute bonne logique, du sentiment d'intégration du soi et du corps »*.

Quelle que soit son expression, le rêve lucide reste une expérience relativement rare. Selon Jayne Gackenbach, psychologue et collaboratrice de Stephen LaBerge, près de 58 % des Américains ont eu au moins un rêve lucide au cours de leur vie, mais seulement 20 % de la population rapporte avoir des rêves lucides au moins une fois par mois.

Apprendre à cultiver cet état de conscience inouï qu'est le rêve lucide permet de développer la créativité, d'aiguiser l'intuition, de maîtriser ses émotions, d'améliorer la perception de la réalité, de réunifier les différentes dimensions de l'être, de soulager certains traumas ou encore de lever des blocages, peurs ou cauchemars récurrents…

Si un « simple » rêve, comme nous l'avons amplement exploré, peut être porteur de sens pour l'individu – qui peut y trouver matière à réflexion, à évolution, à enseignement (etc.), dans l'expérience du rêve lucide, le degré affûté de conscience du sujet lui permet d'accéder à un

1. *Inexploré*, n° 10, *op. cit.*, p. 40 et 45.

sens beaucoup plus riche, beaucoup plus vaste. Dans le rêve lucide, le sens côtoie le non-sens, le détachement propre à une position d'observateur et la participation active s'entremêlent, mais tout cela révèle au rêveur, dans la pleine lumière de ses nuits, ses freins, ses fantasmes, ses peurs, sur lesquels il peut agir consciemment, avec une lucidité exacerbée.

Notez qu'il est possible d'entraîner cette capacité à être lucide, comme un muscle, à force notamment de méditation, de travail sur les rêves et de techniques spécifiques (pour compléter l'angle pratique, voir « Activer le rêve lucide », p. 168).

Dans une démarche d'évolution personnelle et transpersonnelle, le rêve lucide permet d'approfondir la connaissance de soi et son rapport au monde. Il est utilisé en thérapie, comme outil de guérison, voire en autothérapie (avec certaines précautions d'usage, que nous évoquerons plus bas).

« J'étais en pleine séparation, douloureuse. Nous ne parvenions, ni ma partenaire ni moi, à couper ce lien qui nous unissait depuis des années, malgré notre décision de nous séparer… C'est alors que j'ai fait un rêve lucide, aussi éclairant que thérapeutique. Je suis au beau milieu de l'océan. Étonnamment paisible. Je me retrouve accroché à la queue d'une baleine ! Je suis conscient de rêver. Une voix m'avertit que ça va être la fin pour moi… Je sens la baleine se projeter hors de l'eau. Je sais qu'elle va replonger. Je serai projeté comme si je tombais d'un immeuble de dix étages. Je n'y survivrai pas. Au premier saut, je m'agrippe, mon estomac se soulève comme dans les montagnes russes et je ressens clairement le choc, mais je m'accroche… Elle saute encore hors de l'eau ; plus haut cette fois. Je perçois tous les détails, comme au

ralenti : je vois l'eau et les vagues très loin en dessous de moi, je ressens la gifle du vent et le tact visqueux de la queue de la baleine sous mes bras qui l'enserrent… J'ai conscience que je vais me fracasser. Dans un éclair de lucidité, je réalise alors que la baleine est un cétacé… et me revient en tête cette phrase mnémotechnique de l'enfance, destinée à retenir le nom des cétacés : "C'est assez, dit la baleine…" J'ai compris le message : c'est assez, cette histoire qui n'en finit pas de mourir et de nous éteindre ! Je décide instantanément de me réveiller avant l'impact », partage Patrick, qui suite à ce rêve lucide a coupé les ponts avec son ex-partenaire.

Remontons à présent le fil du rêve lucide et de sa genèse, qui puise tout autant aux racines de l'humanité qu'aux recherches de pointe…

C'est à un écrivain et psychiatre hollandais, Frederik Van Eeden, que l'on doit l'appellation de « rêve lucide », toujours d'actualité. En 1913, il publie un article dans lequel il recense trois cent cinquante-deux rêves réalisés depuis 1898. Dans l'un d'eux, il rencontre son frère mort. *« Maintenant, nous rêvons tous les deux, se réjouit-il. – Non, répond tristement son frère, pas moi. »* Fasciné par ce phénomène du rêve lucide, il relève que son imagination seule, en temps normal, n'aurait jamais été capable d'inventer des détails aussi complexes et originaux.

S'il détient le copyright du « rêve lucide », Frederik Van Eeden a cependant été devancé dans ses observations par un marquis fantasque, dénommé Marie-Jean-Léon d'Hervey de Saint-Denys, inlassable et inclassable explorateur des rêves lucides. Ce dernier publie un ouvrage sur le sujet en 1867. Dès l'âge de 13 ans, le jeune aristocrate et futur sinologue consigne tous ses rêves. Mû par une curiosité obsessionnelle, il se réveille régulièrement pour s'en souvenir le plus possible. Deux cent sept nuits plus tard, le voilà qui commence à « s'éveiller » non plus après, mais pendant ses rêves. Et tout en continuant à dormir, il parvient à modifier la trame de ses visions. Il est conscient ! Devenant de plus en plus auteur de ses rêves, il se livre à toutes sortes d'expériences aussi farfelues qu'ingénieuses… Un exemple ? Selon sa théorie (corroborée, au siècle suivant, par nombre de chercheurs modernes), les rêves se composent en majorité d'éléments de souvenirs recomposés. Il se pose alors la question de savoir ce qui se passerait si le rêveur se place dans une situation inconnue… Hervey de Saint-Denys n'a jamais goûté de lait de noisette. En plein rêve, il décide alors d'en boire. Sa mémoire, prise en défaut, improvise un goût d'amande…

Ce qui intrigue le plus ce marquis-rêveur, c'est la possibilité de maîtriser et de détourner le cours du rêve. Dans une certaine mesure, du moins ! *« Éveillé, libre autant que l'homme puisse l'être, je sors de chez moi et je prends, suivant mon bon plaisir, un chemin qui me conduira aux Champs-Élysées, ou bien un autre qui me mènera au Luxembourg ; mais les incidents qui surgiront devant moi sur mon passage, les rencontres agréables ou fâcheuses que je pourrai faire, évidemment cet ordre de faits ne m'appartient pas. Endormir et tout entier aux illusions du rêve, je suis maître d'imprimer d'abord une direction déterminée au mouvement des idées-images qui formeront le fond du rêve ; mais les associations spontanées, mais les réminiscences inattendues, voilà les incidents du chemin*[1]. » Pour lui, cette forme de rêve

1. Hervey de Saint-Denys, *Les Rêves et les Moyens de les diriger*, Amyot, 1867.

n'instaure donc pas une situation de toute-puissance, mais une marge de liberté.

Il faut cependant attendre les années 1970-1980 pour que le rêve lucide soit mis en évidence scientifiquement par les recherches menées, entre autres, par Keith Hearne et Alan Worsley en Grande-Bretagne, et l'Américain Stephen LaBerge, déjà évoqué plus haut. Ainsi, LaBerge demande-t-il à sept volontaires, familiers du rêve lucide, d'accomplir une série complexe de signaux oculaires déterminés à l'avance, sitôt qu'ils sont conscients de rêver. Le rêve lucide survenant généralement en sommeil paradoxal, les muscles sont paralysés, mais les clignements des yeux restent possibles. Les dormeurs-rêveurs s'exécutent à une cinquantaine de reprises, semblant bel et bien se souvenir des instructions en plein sommeil paradoxal. De telles observations ont été corroborées par une demi-douzaine d'équipes de chercheurs de par le monde.

Différentes techniques ont été mises au point pour induire le rêve lucide. L'une des plus courantes est de se demander plusieurs fois dans la journée si l'on rêve, pour s'habituer à se poser la question jusque dans le rêve. Ou encore tenter de conserver la vigilance au moment de l'endormissement – par exemple en faisant des additions – pour passer directement de la conscience de veille à la conscience du rêve.

Le fondateur du Lucidity Institute, Stephen LaBerge, a créé un masque relié à un ordinateur qui repère l'entrée dans le sommeil paradoxal et envoie au dormeur de légers signaux lumineux qui peuvent l'amener à prendre conscience dans le rêve, sans qu'il se réveille.

Le rêve lucide pose la question – vertigineuse – du rapport au réel. Il a été, depuis la nuit des temps, un véhicule pour explorer la réalité et sa nature illusoire. *« Le rêve lucide a été (re) découvert notamment par les chercheurs et psychologues modernes, mais il est présent, de manière ancestrale, dans de nombreuses cultures traditionnelles et courants spirituels, des Tibétains, aux soufis, en passant par les Amérindiens. Il est aussi transmis dans la Kabbale »*, tient à préciser Monique Tiberghien, partie aux quatre coins de la planète pour recueillir le rôle et la pratique du rêve dans les différentes cultures.

Certaines traditions spirituelles, qui avaient maintenu soigneusement secret cet enseignement du rêve lucide, ouvrent à présent ces pratiques et leurs techniques ésotériques au public, vraisemblablement face aux défis urgents, voire vitaux, de notre monde moderne (sociétaux, écologiques, etc.).

Ainsi, le dalaï-lama a-t-il partagé un exercice très avancé de rêve lucide de la méthode tibétaine devant plus de mille personnes, en soulignant clairement que le moment était venu de partager ce savoir, dans ce monde qui a furieusement besoin d'une évolution de conscience… *« Il est temps »*, a-t-il dit.

Quant aux soufis, ils utilisent également, de longue date, le rêve lucide à des fins spirituelles. Le célèbre maître soufi du XIIe siècle Moheïddine Ibn'Arabî recommandait : *« Un individu doit contrôler ses pensées dans un rêve. L'entraînement de cette vigilance produira de nombreux bienfaits. Tout le monde devrait s'exercer à atteindre cette aptitude de grande valeur*[1]. »

Plus spécifiquement, le bouddhisme tibétain, au cœur de la « pratique de la nuit », distille des techniques

1. Idries Shah, *The Sufis*, Londres, Octagon Press, 1964, p. 141.

millénaires de maîtrise des rêves, via le « yoga du rêve » (voir p. 181).

Le rêve lucide a ainsi été utilisé comme un moyen de prendre conscience de la nature illusoire de la réalité personnelle, et aussi comme une partie d'un corpus de pratiques censées conduire à l'illumination et à la découverte de la nature de notre ultime identité[1]. L'homme conscient peut rêver et le rêveur devenir conscient ; ce qui permet de « goûter » au continuum de conscience qui campe au cœur de la vision bouddhiste.

« L'entraînement au rêve vise à surmonter toute peur ou angoisse liée aux images du rêve. Il s'agit aussi de comprendre, affronter et vaincre ou bien ignorer selon la nature des entités du rêve, car le rêveur lucide sait qu'elles sont sans pouvoir sur son être et son mental s'il ne le permet pas », clarifie l'anthropologue Michel Nachez[2].

Le Tibétain Namkhai Norbu, qui enseigne les pratiques du Dzogchen et transmet la technique du rêve lucide, précise encore les choses : *« L'expression "pratique de la nuit" évoque généralement pour nous la pratique du rêve lucide. Cependant, dans l'enseignement Dzogchen, la pratique du travail sur le rêve – et le développement de la lucidité – constituent une pratique secondaire ; cela signifie que cette pratique peut se manifester spontanément et automatiquement comme conséquence de la pratique principale, que l'on appelle "pratique de la lumière naturelle[3]". »*

---

1. Stephen LaBerge, *S'éveiller en rêvant. Introduction au rêve lucide, op. cit.*, p. 107.
2. *Inexploré*, n° 10, *op. cit.*, p. 44. Michel Nachez est l'auteur de l'ouvrage *Les États non ordinaires de conscience*, Marabout, 1997.
3. Namkhai Norbu, *Le Yoga du rêve, op. cit.*, p. 61.

Ainsi apprend-on que ce que l'on appelle l'état de « la lumière naturelle » n'est pas un moment ou un état dans lequel l'esprit est actif. C'est la période qui débute lorsqu'on s'endort et qui s'achève quand l'esprit recommence à être actif. Ce qui succède à cet état est appelé le *milam bardo*, ou état de rêve[1]. Dans cette vision bouddhiste, il existe une correspondance entre, d'une part, les états de sommeil et de rêve et, de l'autre, ce dont nous faisons l'expérience quand nous mourons. Quand une personne meurt, c'est ainsi la fonction des sens qui disparaît en premier lieu. Ensuite vient un état qui ressemble à l'inconscience, à un évanouissement ; *« lui succède ce que l'on appelle l'apparition des quatre lumières »*, précise Namkhai Norbu. Comme si l'on était évanoui et que, en même temps que la manifestation des lumières, notre conscience se réveillait très graduellement… Nous devons alors retrouver d'abord la conscience au niveau des sens. L'esprit commence à recevoir ces perceptions sans qu'il y ait encore de raisonnement ou de pensée.

Cet état, dans lequel la conscience est présente et où, cependant, l'esprit n'a pas encore abordé des opérations telles que la pensée, constitue la transition qui permet, précisément, d'atteindre ce fameux état de « lumière naturelle ». *« On a toujours considéré que c'est pendant cette période que le pratiquant se réalise. Dans le tantrisme, elle est également décrite comme le moment où l'on rencontre la lumière-mère. C'est le moment précis, après l'évanouissement, où la conscience se déploie à nouveau, se réveille »*, souligne Namkhai Norbu.

---

1. Pour compléter cette vision des bardos, lire plus loin « Une fenêtre ouverte sur la mort », p. 147.

Cela mérite un peu d'éclaircissements… Dans le Dzogchen, on pratique le yoga du rêve ou on effectue la pratique de la lumière naturelle au moment de l'endormissement et avant l'apparition de l'état de rêve (voir « Yoga du rêve », p. 181). L'expérience de la Claire Lumière est appelée l'expérience « fils ». Si, grâce à une pratique de méditation ou une contemplation correctes, la Claire Lumière a été nettement reconnue pendant la vie, le pratiquant, au moment de sa mort, reconnaîtra la Claire Lumière-mère, luminosité naturelle et intrinsèque telle qu'elle apparaît, dans la plénitude de sa manifestation – nature fondamentale de l'esprit, pure conscience sans dualité[1].

Ce qui nous ramène au rêve lucide : *« Dans notre pratique, il faut qu'il y ait conscience, ou maîtrise de l'état de lumière naturelle. Si après que l'on est parvenu à une conscience claire de la présence de cet état de lumière naturelle, l'état de rêve se lève, on devient spontanément, au sein du rêve lui-même, lucidement conscient que l'on rêve et l'on parvient automatiquement à la maîtrise de ses rêves »*, observe Namkhai Norbu. Cela signifie donc que ce n'est plus le rêve qui conditionne la personne mais la personne qui dirige son rêve (pour passer à la pratique, voir « Yoga du rêve », cf. p. 181).

Tout ce que nous avons exploré dans ce chapitre met en lumière une chose essentielle : le rêve lucide offre une *extraordinaire* porte d'entrée, un merveilleux terrain d'apprentissage, pour accéder aux différentes dimensions de l'être (physique, psychique, énergétique, subtile…)

1. John Reynolds, *Self-Liberation Through Seeing with Naked Awareness*, New York, Station Hill Press, 1989, p. 153.

et aux autres réalités, non ordinaires. Et les relier. Une manière de commencer un voyage au-delà des pensées limitantes, vers la liberté. Et la pleine conscience. *« L'état de rêve lucide permet de connecter la pleine dimension de tous nos possibles ! Lorsque à l'issue d'un rêve lucide, on "retourne" dans le corps physique et à la vie ordinaire, on rentre avec tous les enseignements qu'il nous a transmis »*, souligne Monique Tiberghien[1].

Cette imprégnation du quotidien est un aspect-clé de cette pratique du rêve lucide. Ce qui se joue, en conscience, au cœur du rêve peut s'infiltrer dans nos comportements et nos émotions. Tarthang Tulku, lama tibétain, connu pour avoir enseigné à l'université californienne de Berkeley, ne tarit pas d'éloges sur les bienfaits du rêve lucide : *« L'expérience que nous gagnons des pratiques que nous faisons durant nos rêves peut être importée dans notre vie quotidienne. Par exemple, nous pouvons apprendre à transformer les images effrayantes que nous voyons dans nos rêves en images paisibles. Par le même processus, nous pouvons transmuter les émotions négatives que nous ressentons durant la journée en un surcroît de conscience. Ainsi, nous pouvons faire usage de nos expériences dans l'état de rêve pour vivre une vie plus souple[2]. »*

L'état de rêve s'avère donc privilégié pour prendre conscience que l'on a un « corps énergie », et unir ainsi nos différentes dimensions. *« Si je rêve que j'ouvre une porte, c'est avec mon corps énergie que je le fais. Traverser un mur est impossible dans la réalité ordinaire… Il faut cepen-*

1. En entretien.
2. Tarthang Tulku, *Openness Mind*, Berkeley/Californie, Dharma Press, 1978, p. 77.

dant noter que nous avons l'habitude d'être dans notre corps physique. Or, ce qui sort de nos habitudes s'avère très émotionnel. Aller vers la lucidité en rêve, c'est aussi apprendre à apprivoiser cet état émotionnel », fait remarquer Monique Tiberghien.

Elle corrobore les propos du dalaï-lama qui, lors d'entretiens avec des scientifiques occidentaux (au sein du Mind & Life Institute), a expliqué qu'il existe un état distinctif du rêve, dans lequel un « corps spécial de songe » est créé à partir de l'esprit et de l'énergie vitale. *« Ce corps est capable de se dissocier entièrement du corps physique grossier et de voyager n'importe où. Une manière de le développer consiste d'abord et avant tout à reconnaître le rêve en tant que tel tandis qu'il se déroule. Ensuite, vous constatez que le rêve est malléable et vous faites l'effort de le maîtriser. »*

Monique Tiberghien tient à préciser qu'exercer la lucidité dans le rêve nécessite un « entraînement », voire une longue éducation (lire « Activer le rêve lucide », p. 168). Elle met en garde contre les dangers potentiels des rêves lucides, s'ils sont menés sans conscience, ni guidance. Elle explique ainsi qu'il y a une sorte de « mode » du rêve lucide, notamment chez les jeunes, dans la foulée (entre autres) du succès du film américain *Inception*, réalisé par Christopher Nolan (2010) – où l'on manipule le rêve et le subconscient des rêveurs, en s'y introduisant et où se superposent plusieurs strates de réalité. Dans ce « rêve partagé », le rêveur-source n'est pas conscient, mais celui qui s'introduit dans le rêve, lui, est lucide… et pas forcément doté d'intentions louables : extraction d'informations sensibles ou encore implantation *(« inception »)* d'une idée « parasite », que le rêveur

« inconscient » fera sienne au réveil... Même si on peut saluer l'inventivité du scénario et sans vouloir moraliser, cette vision-là du phénomène peut contribuer à donner une image tronquée, une fausse idée, de la pratique de la lucidité en rêve. *« Il est essentiel d'aller au-delà de la dimension jeu. Le rêve lucide n'est pas un jouet ! Quand il est exercé dans la seule intention de gagner du pouvoir, dans une optique "matérialiste", il peut s'avérer déstabilisant, voire dangereux. Cela peut créer des dégâts, surtout sur des psychismes plus fragiles »*, prévient Monique Tiberghien. Pour Stephen LaBerge, il est préférable d'avoir un rapport solide à la réalité pour pratiquer le rêve lucide !

Les rêves sont précieux. *A fortiori* quand ils sont lucides, puisqu'ils nous connectent à une conscience élargie. Il s'agit donc d'une pratique *engagée*, qui n'est pas à prendre à la légère, ni à galvauder !

Tarthang Tulku estime, lui, que nos vies seraient multipliées par deux, en terme de temps et d'apprentissage, si nous apprenions à rêver lucidement... Dans une existence où le principal regret est bien souvent de manquer de temps pour cultiver l'essentiel, cela vaut la peine de (nous) éveiller, en conscience, à la lucidité au cœur du rêve.

La prophétie des rêves

Décembre 2004. Pawadee, jeune mère thaïlandaise, fait un songe, pour le moins troublant, qui va sauver sa famille... Dans ce rêve prémonitoire, une vague énorme submerge la chambre de sa petite fille, située au rez-de-chaussée. Remuée par le réalisme de ce scénario onirique, Pawadee décide sur-le-champ de faire dormir l'enfant à l'étage, avec le reste de la famille. Une semaine plus tard, la vague de son rêve devient un tsunami bien réel… avec les conséquences dramatiques que l'on sait ! *« J'avais pressenti ce qui allait arriver. Je ne sais pas comment on dit chez vous, mais ici, en Thaïlande, on dit que c'est l'instinct maternel, celui qui protège les enfants, qui m'a avertie en rêve »*, a-t-elle expliqué aux reporters de *Zone interdite* (M6), venus réaliser une émission spéciale, dix ans après le cataclysme.

Le rêve augure. Il permet, en quelque sorte, de se vivre comme non séparé du monde et des événements. Faut-il rappeler qu'avant toute catastrophe naturelle les animaux pressentent et manifestent l'imminence du désastre… Peut-être, le rêve vient-il nous remémorer notre appartenance au monde naturel – à ses prémonitions divinatoires, à ses intuitions clairvoyantes, à ses capacités extrasensorielles – dont nous nous sommes coupés par excès de rationalisme ? Hegel proclamait : *« Nous rêvons uniquement parce que nous ne sommes pas en rapport avec le tout. »*

Quoi qu'il en soit, de tout temps, les rêves prémonitoires ont fasciné, qu'ils surgissent au creux de l'intime ou sur le plan collectif. Les spécialistes du rêve sont d'ailleurs unanimes : lorsqu'ils donnent des conférences, c'est le thème principal abordé par le public dans les séances de questions/réponses… et celui qu'ils redoutent le plus, ayant peu d'explications tangibles à donner !

Roland Pec voit, dans cette appétence pour la prémonition et les rêves d'anticipation, la trace de la profonde crise de sens que nous traversons dans cette société en perte de repères, donc en quête de signification et surtout de « direction » à donner à nos existences en roues libres[1]. Le rêve-éclaireur aurait donc force de boussole…

Cet intérêt pour les rêves visionnaires est une (très) vieille histoire ! Dans l'Antiquité, en effet, seule la prédiction compte sur le plan onirique et nourrit l'interprétation des rêves. C'est qu'à l'origine, le rêve est assimilé au don de prophétie. Il est alors un présage divin ou diabolique – un message à décoder, à tout le moins. On raconte ainsi que la mère de Virgile aurait rêvé, alors qu'il était tout bébé, d'une couronne de lauriers, augurant de son destin poétique… *« Les présages ont une fonction essentielle. Ils maintiennent séparés le monde des vivants et celui des morts, les mondes divins et monstrueux. Ils appellent à l'intercession, au déchiffrement, à la lecture »*, précise Anne Dufourmantelle[2]. Pour cette psychanalyste, le rêve ne dit pas ce qui va arriver, il inaugure un chemin autre.

Plus largement, au passé comme au présent, chaque cataclysme, attentat ou accident majeur est suivi de vagues de témoignages de personnes affirmant, de bonne foi, avoir fait des rêves annonçant, de manière prophétique, la catastrophe. Les banques de rêves regorgent de ce type de scénarios oniriques aux allures visionnaires !

Il est clair que les événements du monde pénètrent le rêve. Et que le rêve raconte, à sa façon, l'époque et ses avatars. Cela se produit en tout cas couramment *a posteriori* : après le 11 septembre 2001, nombre de personnes des quatre coins de la planète ont raconté avoir fait des rêves imprégnés, de près ou de loin, des attentats. Telle

1. En entretien.
2. Anne Dufourmantelle, *Intelligence du rêve*, *op. cit.*, p. 20.

une manière de sortir de la glaise du choc. Cette fonction de réexamen du passé projette également – et plus étonnamment – l'avenir. *« C'est une façon providentielle et prévisionnelle de se dégourdir de l'engourdissement mimétique provoqué. De pouvoir, par l'événement, revisiter sa névrose, mais aussi envisager, par le rêve, d'autres possibles prospectifs »*, décrypte Pierre Lembeye[1]. C'est déjà une fenêtre ouverte – créative – sur le futur.

Mais il arrive aussi au rêve de bel et bien anticiper. *« Les véritables rêves prémonitoires donnent des images directes de l'événement à venir – ou à peine déformés – avec des détails parfois extrêmement précis »*, souligne ainsi le psychologue et psychothérapeute (par ailleurs journaliste et auteur) Erik Pigani[2].

C'est particulièrement parlant dans le rêve suivant : *« J'ai rêvé, avec force détails, que j'avais un accident de voiture... qui est réellement arrivé, dix jours plus tard. Ne croyant pas aux signes, je ne me suis absolument pas posé de question au réveil. Mais, juste avant l'impact, j'ai reconnu, avec stupéfaction, les sensations, mais surtout des éléments et détails précis du rêve (comme le carrefour où cela s'est passé, qui m'était inconnu jusqu'alors). Cependant, je n'ai rien pu faire pour éviter la collision »*, raconte Jérémy, qui n'a eu comme dégâts que de la tôle froissée. Grâce à l'avertissement du rêve, qui lui a permis d'être sur ses gardes ? Qui sait ?! En tout cas, il se pose (légitimement) cette question... et reconnaît, à présent, « écouter davantage ses rêves » !

1. Pierre Lembeye, *L'homme descend du songe*, *op. cit.*, p. 32.
2. *Manuel clinique des expériences extraordinaires*, sous la direction de Stéphane Allix & Paul Bernstein, INREES/InterEditions-Dunod, 2009, p. 377.

Autre rêve prémonitoire, plus anecdotique, mais tout aussi déroutant, narré par Amandine : *« À 13 ans, j'ai fait un rêve surprenant… d'autant plus que j'ai toujours été une calamité en maths : le professeur de mathématiques (qui, en réalité, me harcelait depuis la rentrée, générant en moi une grande angoisse) m'envoie au tableau pour faire un exercice. Je vois clairement l'énoncé, dans mon rêve. Toute la classe, encouragée par l'enseignant, se moque de moi. J'ai pourtant une subite illumination et, contre toute attente, je trouve la solution ! Je me vois l'écrire noir sur blanc (ou plutôt blanc sur noir) au tableau, laissant bouche bée professeur et élèves. Une vraie jubilation ! Le lendemain matin, quelle ne fut pas ma surprise d'être appelée au tableau… et d'avoir exactement le même exercice !? Me rappelant clairement de mon rêve, j'y ai donc répondu illico, laissant tout le monde médusé. Cela ne m'était jamais arrivé auparavant de pouvoir répondre… d'autant que l'exercice était ardu ! »* Aujourd'hui quadra, Amandine reste très impressionnée par la force anticipatrice de son rêve, qui, plus largement, lui a insufflé davantage de confiance en elle et en ses capacités intuitives. Un rêve qu'elle avait eu la bonne idée de raconter à ses parents, au réveil. Elle a ainsi eu la certitude de ne pas avoir… rêvé ce qui lui est arrivé !

En introduction au livre sur le « yoga du rêve » de Namkhai Norbu Rinpoché, le psychologue Michael Katz partage une expérience onirique qui vient corroborer le vécu d'Amandine : *« Mes propres expériences de rêves, aussi limitées soient-elles, ont elles-mêmes à l'occasion semblé confirmer la possibilité de rêves prémonitoires. Par exemple, l'année dernière, j'assistai avec deux amis à un événement sportif. Le stade haut en couleur m'impressionna. Cette nuit-là, je rêvai d'un joueur de base-ball. Sa photo était en pre-*

mière page d'un journal. J'essayai de lire et de mémoriser le texte. À mon réveil, je ne me souvenais plus que du nom, "Clark". J'achetai ce matin-là, comme d'habitude, le New York Times *et découvris une photo de Will Clark, un joueur de base-ball, en première page. Vous pourriez prétendre que c'était une coïncidence. Dans ce cas, vous utiliseriez le même argument qu'employa Aristote afin de contredire Héraclite qui croyait aux rêves prophétiques (c'est dire que la controverse ne date pas d'hier). Que mon rêve concernant Will Clark ait été, ou non, réellement prémonitoire, je suis, quant à moi, parvenu à la conclusion qu'il existe, au sein de la catégorie de rêves créatifs de plus haut niveau, une catégorie de rêves qui prédisent l'avenir. Si cela est vrai, cela voudrait dire que l'avenir est, d'une façon ou d'une autre, à notre portée dans le présent*[1]. » Et de préciser que, dans la tradition du bouddhisme tibétain, on considère que les êtres éveillés détiennent la capacité de percevoir le passé, le présent et le futur… On trouve ainsi de nombreux exemples de manifestations de rêves prémonitoires dans les biographies des maîtres de méditation.

Par la pratique, notamment, du yoga du rêve (voir p. 181), il serait cependant à notre portée de développer les « rêves de clarté » (rêves à même de se présenter, même sans « entraînement », car tout le monde posséderait cette faculté), par lesquels nous pouvons obtenir des conseils et même des prévisions pour l'avenir. Des rêves avec lesquels il est parfois possible de collaborer ; ce qui peut être utile pour résoudre des problèmes. Ce qui ne signifie pas qu'il soit facile, ni même faisable de modifier les événements à venir, en ayant

1. Namkhai Norbu, *Le Yoga du rêve, op. cit.*, p. 37.

été averti en rêve… *« Tout est lié à des causes secondaires très complexes, et vous ne pouvez pas faire grand-chose… Cependant, quand nous savons qu'un rêve nous donne une indication concernant l'avenir, nous pouvons quelquefois changer nos plans pour éviter l'éventualité d'un problème »*, souligne Namkhai Norbu, qui transmet la pratique du yoga du rêve[1]. Lui-même a été averti, par des rêves négatifs, d'un danger potentiel à faire un voyage qu'il avait prévu en Chine. Après plusieurs rêves successifs de cet ordre, une voix, très distinctement, l'avertit en songe : *« Tu ne dois pas partir en voyage. »* Il finit par changer ses plans et ne pas aller en Chine. *« Je ne sais pas ce qui me serait arrivé si j'y étais allé cette fois-là. Il n'est pas facile de savoir en quoi consistait réellement le problème. Tout ce que je peux dire, c'est qu'un mois après, la nouvelle me parvint que beaucoup de gens avaient été mis en prison en Chine et à Lhassa, et que d'autres avaient été tués parce qu'ils étaient considérés comme une menace pour le communisme »*, témoigne Namkhai Norbu.

Il arrive également que le rêve fasse son « annonciation » de manière cryptée, énigmatique : *« Une femme est couchée à terre, blessée. Elle te demande de la soigner. Tu sais que si tu ne tentes rien, elle va mourir. On te tend un couteau, c'est un jouet. Quelques semaines plus tard, tu réchappes d'un accident »*, relate ainsi Anne Dufourmantelle, dans son ouvrage dédié à l'intelligence du rêve[2].

Sur le plan de la psychologie, le rêve offre bien une puissance de vision, qui n'a cependant rien d'ésotérique, mais entre en résonance profonde avec l'être au

1. *Ibid.*, p. 127.
2. Anne Dufourmantelle, *Intelligence du rêve*, *op. cit.*, p. 19.

monde et son devenir. *« Le rêve est une prescience "merveilleuse". En cela aussi il est génial. Au sens strict de "ce qui voit en avant". Il est un présage, non pas au sens d'une boule de cristal dans laquelle nous pourrions lire la portée de tel événement ou de telle personne dans notre vie, mais au sens littéral d'une annonciation – la gestation d'un monde à venir que nous portons déjà et dont les prémisses nous sont données dans l'énigmatique présence à nous-mêmes du rêve »*, s'enthousiasme Anne Dufourmantelle. Et d'ajouter : *« On peut sauver sa vie en écoutant ses rêves à temps… Car le rêve a, avec le temps, une affinité particulière : il le déjoue en nous donnant accès à une temporalité autre. »* Il nous connecte, en effet, à cet *« hors temps (*Zeitlost*) »* de l'inconscient, décrit par Freud. *« Le temps du rêve est nulle part et partout »*, précise l'écrivain et célèbre psychanalyste Julia Kristeva, dont le travail et l'œuvre témoignent d'un intérêt aigu pour la question temporelle et la traversée des frontières[1].

Il y a donc une liberté du rêve par rapport au temps. Il nous donne des ailes, en nous permettant avant tout de prendre de la hauteur, pour mieux nous projeter vers le futur. Il vient offrir, au creux de nos nuits, de lumineuses solutions d'avenir à ce qui nous entrave. Pour peu qu'on l'accueille et l'écoute.

Lorsqu'on demande à l'ethnopsychiatre Tobie Nathan : *« Que fait le rêve ? »*, il répond du tac au tac : *« Il prépare le futur ! Plus précisément, il est une projection logique vers le futur, qui essaie de prédire l'avenir[2]. »* Selon lui, le rêve est une *« pointe éveillée » (sic)*. Un précieux brouil-

1. En entretien.
2. Conférence INREES avec Tobie Nathan, *À quoi sert le rêve ?*, *op. cit.*

lon de nos lendemains, mais plus que cela… *« Ce brouillon construit un futur possible »*, précise-t-il.

Cette fonction d'anticipation, de prédiction, comme nous l'avons déjà vu, est connue et utilement mise à profit dès l'Antiquité, en lien avec diverses grilles d'interprétation spécifiques à l'époque, au courant culturel et aux croyances.

Quand il parle de *« projection logique »*, Tobie Nathan pèse chacun de ses mots. « Logique », car il n'y perçoit pas le sceau d'une quelconque magie, ni la marque d'un message divin, mais envisage plutôt le rêve comme un véritable projet. Constructiviste, pourrait-on dire. *« À partir d'éléments du présent, le rêve offre une projection possible d'un futur qu'on va essayer de réaliser. »* Le rêve fournit donc des propositions, des hypothèses, des ressources, des potentialités ou encore des pistes plurielles, en écho à la biographie du rêveur : à son identité spécifique, à son vécu intime, à ses observations. Telles des pièces signifiantes à apporter au puzzle de la destinée… *« Parfois, alors, ce monde possible peut advenir »*, avance Tobie Nathan.

Ce dernier apporte un éclairage approfondi à cette démonstration dans son ouvrage de référence, La nouvelle interprétation des rêves : *« Qui peut encore penser que les dieux, qui détiennent les clés du destin, décident de le révéler à telle personne dans un rêve ? La prédiction est par conséquent aujourd'hui plus difficile à énoncer. Elle est pourtant parfaitement compatible avec la proposition selon laquelle le rêve réagence les éléments issus de la déconstruction des organisations mentales de la vie éveillée. Il serait fait de fragments de pensée indéfiniment combinés jusqu'à ce qu'une construction retienne l'intérêt par sa cohérence et soit élaborée sous forme de récit. Les rêves produisent donc inlassablement des combinaisons nouvelles parmi lesquelles se trouve nécessairement celle qui prendra forme dans la vie du rêveur dans un avenir plus ou moins proche*[1]. »

Donc, oui, le rêve est tourné vers l'avenir... ou, plutôt, il y a bien dans le rêve (notamment celui dont on se souvient), le noyau des événements à venir.

Mais rappelons que, par essence, le rêve est interactif et nécessite un intercesseur, un interprète. *« L'interprétation, ce sont les jambes du rêve, pour ainsi dire, qui le dégageront du sommeil pour le lancer dans le monde »*, note encore Tobie Nathan. Ce qui appelle à une certaine prudence... Lors de sa conférence à l'INREES, il tient à souligner : *« Prédire, c'est en quelque sorte faire advenir. »* Toute interprétation confère – et ce, par l'intervention du processus de suggestion – une valeur prémonitoire potentielle aux rêves. Tout rêve interprété se transforme ainsi *ipso facto* en rêve prémonitoire. Et d'évoquer, par une métaphore parlante, de possibles prédictions autoréalisatrices (des prédictions qui se réalisent d'elles-mêmes) : *« Si vous rêvez que votre banque va s'écrouler, vous enlevez assez logiquement votre argent, non ?! »* Tobie Nathan, en se référant au Talmud, insiste donc sur l'importance de ne pas raconter son rêve à n'importe qui. *« En prononçant une prédiction, l'onirocrite assume ses responsabilités, prenant nécessairement conscience que sa parole contribuera à la survenue des événements. Quant au rêveur, le fait de s'entendre prédire un événement lui permettra de s'approprier son rêve devenu fragment compressé de son devenir »*, relève-t-il.

1. Tobie Nathan, *La Nouvelle Interprétation des rêves*, *op. cit.*, p. 161-162.

Pierre Lembeye apporte des précisions complémentaires : « *Le rêve ne se réduit pas au recueil de l'actualité du traumatisme. Il est utilisé comme matériel pour alimenter les tendances conscientes et inconscientes du sujet*[1]. »

Marie-Louise von Franz, qui fut l'une des plus proches collaboratrices de Carl Gustav Jung, souligne, elle aussi, cette dimension quasi prophétique du rêve dans une analyse. « *Il anticipe symboliquement, en quelque sorte, une évolution qui se prépare dans l'inconscient et apparaîtra plus tard*[2]. » Et d'évoquer cet homme d'affaires venu la voir pour entamer une analyse, en quête qu'il était d'un sens plus profond à donner à sa vie. Il lui confie alors un rêve, ayant littéralement et violemment fait effraction dans son quotidien. Elle le relate : « *Cet homme s'éveille (dans le rêve) au milieu de la nuit, dans une pièce sombre, à demi enterrée, il est dans son lit. Une vive lueur entre dans la pièce par la fenêtre. Soudain un homme inconnu est là, qui lui inspire une angoisse insoutenable. Il s'éveille, en sueur.* » Si l'analyste n'a pas compris d'emblée le sens de ce songe, elle dit au rêveur que quelque chose de très angoissant, qui lui est encore complètement étranger, cherche à s'approcher de lui, mais qu'en revanche une lumière, une illumination, une découverte sera liée à l'arrivée de cet « inconnu »... Après quelques séances d'analyse, cet homme, malgré son désir de continuer ce travail intérieur, n'a pas poursuivi, se disant trop occupé professionnellement. Un an plus tard, Marie-Louise von

1. En entretien.
2. Marie-Louise von Franz, *Les Rêves et la Mort*, La Fontaine de Pierre, 2011, p. 127.

Franz apprend que son patient, atteint d'un cancer à la moelle épinière, est à l'article de la mort. « *L'inquiétant cambrioleur de son rêve initial était donc tout simplement la mort* », écrit-elle (lire également « Une fenêtre ouverte sur la mort », p. 147).

Lorsqu'on évoque le sujet des rêves prémonitoires, il est délicat, en tout cas, de faire la part des choses... Les chercheurs en science des rêves s'accordent à dire qu'il est difficile d'établir un pourcentage exact des rêves *véritablement* prémonitoires dans la nasse de la vie onirique. Ainsi, Antonio Zadra, professeur de psychologie à l'université de Montréal, à la tête d'une importante banque de rêves, signale que c'est tout simplement impossible à recenser et surtout à quantifier... même si 70 % des personnes interrogées disent avoir fait, une fois au moins, un rêve prémonitoire (*dixit*, cette fois, la neurologue Isabelle Arnulf) !

Antonio Zadra confirme être contacté, après tout incident majeur (cataclysme ou accident d'avion, par exemple), par des personnes de bonne foi qui clament avoir rêvé à l'événement quelques jours auparavant. « *Si nous ramenons ce genre de coïncidences à l'échelle de la population, il est inévitable que toutes les nuits, au moins une personne rêve à un accident d'avion ou à un tremblement de terre. Si vous rêvez d'un accident d'avion et que dans les semaines suivantes, aucun avion ne s'écrase réellement, allez-vous me solliciter ? Non. Personne ne m'écrit pour dire : "Vous savez, j'ai rêvé d'une catastrophe, et il ne s'est rien passé !" Je demande donc souvent à ces gens de ne plus se manifester* a posteriori, *mais de me signaler immédiatement tout rêve qui leur semblerait prémonitoire, avant qu'il ait pu se voir confirmé par la réalité. Jamais personne ne le fait*[1]*… »*, regrette Antonio Zadra.

Par ailleurs, ce dernier souligne – corroboré par d'autres intervenants contactés pour les besoins de cet ouvrage – que nombre de rêves plus personnels sont parfois envisagés comme prémonitoires par leurs auteurs, mais qu'une fois ces rêves visionnaires passés à la loupe, on constate que les gens possédaient déjà des indices de l'événement. Ces fameux petits signes avant-coureurs… *« Le rêve "prémonitoire" peut, dès lors, résulter tout simplement de la montée à la conscience, pendant le sommeil, de ces signes subtils, subliminaux (non perçus par la conscience), enregistrés par notre inconscient, à l'état vigile »*, précise Roland Pec. Pour nous préserver de la « noyade » face à la somme d'informations qui nous bombardent chaque jour, nous ne sommes en effet conscients que d'une infime partie de celles-ci. Notre inconscient traite donc la plupart de ces informations en douce. *« Notre esprit est tout à fait capable de saisir, de conserver et d'introduire, ensuite, dans la trame de nos rêves – à notre insu –, les prodromes (c'est-à-dire les signes avant-coureurs) d'événements qui ne se produiront qu'ultérieurement… La psychologie ne nie donc absolument pas l'existence des rêves prémonitoires. Au contraire. Ce qu'elle conteste, en revanche, c'est la source occulte de ces prémonitions »*, vient souligner Roland Pec.

Illustrons cela par un exemple, assez courant dans les récits de rêve : quelqu'un peut ainsi rêver qu'un ami tombe malade du cancer, puis, une semaine plus tard, découvrir, ébahi, que c'est réellement le cas ! Mais

---

1. Entretien avec Antonio Zadra, « Le rêve cherche à nous aider », *Sciences humaines*, n° 207, août-septembre 2009, p. 45.

en interrogeant le rêveur, on s'aperçoit qu'il avait bien remarqué que son ami avait mauvaise mine, avait perdu du poids ou semblait anormalement fatigué…

De même, nos rêves baignent dans notre vie quotidienne et en sont totalement imprégnés. « *Dans ce contexte, il n'est pas totalement surprenant qu'une mère rêve de problèmes concernant ses enfants et que, dans l'ensemble des possibles, certains surviennent réellement* », précise la neurologue Isabelle Arnulf[1].

« *Je ne dénigre pas le phénomène pour autant, car il existe cependant quelques exemples de rêves prémonitoires qui sont très convaincants, et aucunement explicables par la science* », signale encore Antonio Zadra, dans son entretien à *Sciences humaines*. Ainsi cite-t-il le cas d'un chercheur travaillant dans une agence aérospatiale ayant fait un rêve répétitif, pendant des années, durant lequel il sauvait une collègue piégée par un incendie dans son laboratoire. Cette dernière refusait de le prendre au sérieux. Jusqu'au jour où ce chercheur a entendu le même bruit d'explosion que dans son rêve : il en a conclu qu'un incendie se déclenchait dans le bureau de sa collègue et est arrivé juste à temps pour la tirer des flammes[2]. Et Antonio Zadra de conclure : « *Le phénomène des rêves prémonitoires me paraît donc réel, mais très surestimé. C'est un mystère…* »

Un mystère qui mérite, en tout cas, l'intérêt qu'il suscite ! D'où cette invitation de Pierre Lembeye : « *Il nous faut transpasser les théories en usage et ne plus confiner*

1. Isabelle Arnulf, *Une fenêtre sur les rêves*, *op. cit.*, p. 210.
2. Cette femme, Rita Dwyer, a partagé son aventure auprès de l'IASD (International Association for the Study of Dreams) et a témoigné lors de conférences organisées par cette association.

le rêve à un rapport au passé. Changer la flèche du temps, mettre le rêve en rapport avec le futur non pas en termes de programmation, mais en termes de prémonition, de providence, de prophétie. Arrêtons de questionner le rêve. Commençons par l'accueillir. Ce n'est qu'à partir de cette position que l'on peut retrouver le génie du rêve[1] *! »*

Alors, faire de nos rêves une réalité en devenir… Une dialectique qui nous interroge depuis la nuit des temps, mais qui trouve une merveilleuse interprétation dans le trait d'humour de cette histoire souvent racontée par l'un des pères de la thérapie familiale, Siegi Hirsch : *« Une femme est couchée dans son lit. Un homme entre dans la chambre et s'approche. La lumière tamisée dévoile un corps merveilleusement musclé. La femme demande : "Qu'allez-vous me faire ?" Et l'homme de lui répondre : "Je ne sais pas : c'est vous qui rêvez !" »*

Songes partagés

Un homme. Il vit dans une grande ville, en colocation avec un couple. L'entente est au beau fixe. Un matin, au réveil, confusion… Il a rêvé, cette nuit-là, d'une intimité troublante avec sa colocataire, et amie. Un rêve sensuel, plus que réel. Il sait, il sent, qu'il n'est pas le seul à avoir fait ce rêve déroutant. Son pressentiment s'avère juste : la jeune femme a fait le même rêve… Un songe en partage, télépathique, venu les « éveiller », les révéler à eux-mêmes et leur désir, dans l'alcôve secrète de l'espace de liberté sans limite, ni tabou, du rêve. Un

1. Pierre Lembeye, *L'homme descend du songe, op. cit.*, p. 23.

rêve si authentique, cristallin même, qu'ils ont décidé d'en parler à cœur ouvert, entre colocataires. Afin de dissiper l'équivoque en plein jour.

Comment ne pas être frappé par la force du témoignage que cet homme m'a relaté ?... Le maître tibétain Namkhai Norbu Rinpoché aime à rappeler que le rêve nous connecte avec *« le potentiel infini de l'être »*. Tout comme il abolit les limites de l'espace et du temps, peut-être le rêve permet-il d'expérimenter notre interconnexion intrinsèque, sensible, avec le tout, donc avec l'autre ? De rendre poreux nos contours, physiques et psychologiques... Ces murailles – de non-dits, d'interdits, de peurs, de conditionnements – édifiées autour de l'être. Le rêve est définitivement un espace de franchissement des frontières, à commencer par ses frontières intérieures. Mais aussi celles qui nous séparent des autres.

« Comme le génie dans les contes, le rêve vient annoncer la réalisation de ce que nous aimerions dire mais que nous ne savons pas vivre », me précisera Anne Dufourmantelle, lors de notre passionnant entretien... En transfusion de pensée, aussi. De l'un à l'autre.

La télépathie est abondamment étudiée par la parapsychologie scientifique, car elle est le phénomène psi le plus courant[1]. *« Ces phénomènes télépathiques sont des communications entre psychés – d'esprit à esprit – qui ne passent pas par nos systèmes habituels de perception, de cognition ou d'action »*, explique Erik Pigani[2].

---

1. En parapsychologie, le terme général « psi » désigne une communication paranormale avec l'environnement.
2. *Manuel clinique des expériences extraordinaires*, sous la direction de Stéphane Allix & Paul Bernstein, *op. cit.*, p. 368.

Si la télépathie, connue aussi sous le terme de « transmission de pensée », se produit généralement durant l'éveil, elle peut également survenir au creux du sommeil. *« Selon les enquêtes menées sur les phénomènes psi spontanés, 75 % des cas de télépathie se passent pendant la journée, 25 % pendant les rêves »*, précise Erik Pigani, en se référant aux recherches du Dr Van de Castle (1986). Pierre-François, comédien, témoigne : *« C'était un lundi matin... J'ai rêvé de mon premier impresario : j'attendais de ses nouvelles lorsque j'ai rêvé qu'il était dans une sorte de ciel, habillé d'un complet veston, et qu'il gémissait parce qu'il se sentait seul. Le matin même, j'en ai parlé à ma mère. Trois jours plus tard, nous avons reçu son acte de décès. Sa mort était survenue le lundi matin*[1]. »

Ce genre de cas est rapporté fréquemment : une personne rêve qu'un proche, généralement un membre de la famille, vient lui dire au revoir (voir également « Une fenêtre ouverte sur la mort », p. 147). Ce type de rêve est souvent confondu avec une prémonition. Il n'est en effet pas rare d'entendre dire : *« Un jour, j'ai fait un rêve prémonitoire : j'ai rêvé que mon grand-oncle, qui m'a élevé, venait me dire qu'il devait partir. Le lendemain matin, nous avons appris sa mort. »* Dans ce cas, les études tendent à démontrer qu'il s'agirait plutôt d'un rêve télépathique.

Carl Gustav Jung a ainsi correspondu avec un patient qui, dans une lettre, lui confiait avoir senti, de loin, la présence de son frère, victime d'un accident en Afrique. Cet homme rapportait au célèbre psychanalyste s'être entretenu en rêve avec son frère. Il l'avait vu subitement

1. *Ibid.*, p. 374.

plonger dans l'eau d'un lac où il y avait une fourmilière, puis la « liaison » s'était progressivement interrompue, comme lorsque au téléphone on sait que l'autre est encore là bien qu'on entende sa voix de moins en moins distinctement… Dans sa réponse à cette lettre, Jung admit que son correspondant avait réellement parlé avec son frère mort : *« Bien sûr, nous ne pouvons pas nous représenter une existence indépendante du temps et de l'espace, mais pour la psychologie empirique, elle résulte des différentes formes de la présence des morts, ainsi que de leur influence sur nos rêves*[1]*… »*

Il arrive cependant que certains rêves extralucides brouillent les frontières entre précognition et télépathie… Florian évoque ainsi un rêve qu'il qualifie, lui-même, de « troublant » : *« Ma mère, dehors dans sa maison de campagne, était en train de brûler comme une torche vivante. Subitement, dans mon rêve, mon oncle décédé est apparu. Il la regardait. Il me regardait… avec un regard glaçant. Le lendemain, en me réveillant, très troublé, j'ai parlé de mon rêve à ma mère, lui racontant tout, sentant que je devais la mettre en garde. La seconde fois qu'elle s'est rendue dans sa maison de campagne, environ un mois après mon rêve, un incendie s'y est produit. Un feu s'est déclenché dans des arbres et des feuillages situés dans la maison voisine. Il s'est rapidement propagé. Ma mère, ainsi que mon père, essayèrent eux-mêmes d'arrêter les flammes. Les pompiers sont ensuite arrivés… Pour conclure, rien de grave. À part une minime partie du cabanon de la voisine qui fut brûlée. Je pense qu'inconsciemment le fait que je lui ai raconté mon rêve l'a protégée. J'ai interprété ce*

1. Relaté par Marie-Louise von Franz, dans *Les Rêves et la Mort*, *op. cit.*, p. 195.

rêve prémonitoire comme un message de protection provenant de mon oncle décédé. Lors de mon rêve, j'ai senti dans son regard qu'il s'agissait d'un avertissement, comme s'il voulait me faire comprendre quelque chose[1]*…* »

Dans l'Antiquité et dans de nombreuses cultures traditionnelles, l'état de rêve s'apparente à une interface ; un espace de dialogue, d'interaction, de connexion, entre le rêveur et des instances diverses (dieux, esprit des ancêtres, animaux-messagers…). Un aspect de « transmission de pensée » spécifique, que nous avons développé dans d'autres chapitres de ce livre.

Namkhai Norbu Rinpoché, qui, entre autres enseignements bouddhistes, transmet le yoga du rêve, soutient qu'il existe plusieurs catégories d'êtres avec lesquels il est possible de communiquer au sein de l'état de rêve, et de recevoir notamment des conseils. Par ailleurs, selon lui, il est clairement possible pour un maître d'entrer dans le rêve d'un disciple[2].

Le psychologue Michael Katz, qui signe l'introduction du livre de Namkhai Norbu, en a fait l'expérience. Au préalable, il explique que, manifestement, ces expériences sont plus fréquentes quand on a l'opportunité de pratiquer la méditation ou les instructions sur le yoga des rêves de façon intensive. Voilà ce qu'il confie, ensuite : « *Ce fut durant une période de ce genre que je rejoignis Namkhai Norbu Rinpoché pour un séminaire à Washington. Une de ses plus anciennes élèves était tombée gravement malade. Au cours d'un rêve, je me trouvai en compagnie de Namkhai Norbu Rinpoché. Il était très préoccupé par l'incident de santé de son*

1. INREES, magazine *2E* (devenu *Inexploré*) n° 10, *op. cit.*, p. 13.
2. Namkhai Norbu, *Le Yoga du rêve*, *op. cit.*, p. 18.

élève. Je lui dis : "Rinpoché, elle va mourir." Il me répondit : "Non, je l'ai soignée [Namkhai Norbu pratique également la médecine tibétaine, NDLR], *elle commence à aller mieux." Le jour suivant, nous apprîmes la bonne nouvelle qu'elle se rétablissait effectivement ; cependant, fait plus surprenant encore, Norbu était conscient, avant que je lui en parle, de notre conversation pendant le rêve. Par la suite, je fis d'autres rêves dans lesquels il me parlait ; quelquefois, je trouvais une réponse intelligente à lui faire. Norbu prenait un grand intérêt à ces expériences et il lui arrivait de me demander le jour suivant si j'avais fait un rêve intéressant pendant la nuit*[1]. » Parfois, en interrogeant Michael Katz, si ce dernier n'avait gardé qu'un vague souvenir du rêve, Namkhai Norbu lui disait, catégorique : *« Il faut vraiment essayer de vous en souvenir. »*

Le développement des techniques de laboratoire a rendu possible une approche scientifique de ces expériences « extraordinaires » : la parapsychologie. La télépathie dans les rêves ainsi que les rêves prémonitoires ont ainsi fait l'objet d'expérimentations poussées, notamment par un pionnier de la question, le docteur Montague Ullman et l'équipe du Dream Research Laboratory du Maimonides Medical Center (New York, Brooklyn). Entre 1966 et 1973, trois cent soixante-dix-neuf sessions expérimentales furent effectuées dans cet hôpital de pointe. Elles visaient à mettre en évidence les phénomènes de télépathie et de précognition en rêve, en suivant des protocoles rigoureux *(Ganzfeld)*. Le *Ganzfeld*, ou champ sensoriel uniforme, a été mis au point en tant qu'outil thérapeutique au début des années 1960 par une

1. *Ibid.*

équipe de psychologues américains. Il est aujourd'hui le protocole expérimental le plus utilisé en parapsychologie. Cette méthode consiste à induire un état hypnagogique chez le sujet en utilisant une technique efficace de privation sensorielle[1].

Concrètement, tandis qu'un individu émetteur essayait de transmettre une image sélectionnée aléatoirement, le récepteur isolé dans une autre pièce était éveillé après chacune de ses phases REM par l'expérimentateur qui notait ses récits de rêve. Au cours d'une session où l'image sélectionnée était une reproduction du tableau de Degas, *L'École de danse* (où l'on voit plusieurs jeunes femmes en cours de danse), le rêveur-récepteur rapporta les impressions suivantes : *« J'étais dans une classe avec peut-être une demi-douzaine de personnes ; il y avait la sensation d'une école ; une petite fille essayait de danser avec moi. »* Et ce n'est qu'un exemple parmi tant d'autres.

Pour le psychologue américain Charles Tart, des décennies d'expériences en laboratoire dans des conditions rigoureusement contrôlées ont prouvé la réalité de la télépathie et de la précognition. Des centaines de témoignages collectés durant des décennies confortent ces résultats. Or, c'est en rêve que les occurrences sont les plus saisissantes.

À cela, ce psychologue américain apporte une explication : lorsque nous rêvons, les bruits alentour cessent, l'information que nous ignorons en état de veille peut alors accéder à nous. « Personne ne peut dire combien d'impressions psi (perceptions extrasensorielles) sont

1. Charles Honorton (1977), l'un des pionniers de la recherche en parapsychologie.

étouffées dans la journée ! » Profitons, alors, au creux de nos nuits, pour ouvrir tout grand les écoutilles de nos perceptions…

Les songes d'une nuit inspirée ou le rêve créatif

« Le réel, c'est quand on se cogne », affirmait Jacques Lacan… Le rêve, lui, permet justement de faire tomber les murs symboliques qui nous enferment et nous restreignent, afin de pouvoir déployer notre vivance. Notre Souffle créatif !

Semblables parfois à d'infranchissables remparts, ces murs de notre prison intérieure sont bâtis avec les briques de nos conditionnements (éducationnels, culturels) et le ciment de nos freins personnels. Il faut bien un (deux, trois…) rêve(s) pour ébranler les hautes murailles de nos certitudes, de nos peurs et de nos habitudes, et réinsérer un vent de nouveauté et de créativité dans un scénario de vie par trop étriqué !

Véritable soupape, le rêve libère une énergie vitale formidable. Cet harmonisateur fait bien plus que répéter ou classer. Il s'avère puissamment créatif, témoignant en cela d'une complète réorganisation cérébrale. Les études ont montré que les connexions en rêve sont guidées par les émotions du rêveur. Sous l'inspiration de ces émotions, un matériel ancien est combiné avec le nouveau[1]. Une activité qui s'apparente à de la création artistique. Une image centrale, dont l'intensité peut être évaluée,

1. *Inexploré*, n° 10, avril-juin 2011, p. 21.

est parfois « choisie » en rêve pour incarner une émotion. Après un traumatisme, de quelque nature qu'il soit, il n'est pas rare, par exemple, de rêver de tsunami ou autre cataclysme. En d'autres termes, le rêve crée, à partir de l'intensification des émotions, des images, des motifs qui n'ont pas forcément de lien direct avec ce qui a été vu ou vécu. D'après les chercheurs, il semblerait que le rêve nous aide, ainsi, à établir notre être émotionnel. En équilibre.

Le rêve lance un grand nettoyage qui peut donc dénouer des situations bloquées ou des nœuds existentiels, en « retraitant » l'information et en lui trouvant des solutions, inédites.

Par ailleurs, en insérant de la créativité et de la fantaisie dans le scénario nocturne (les portes s'ouvrent toutes seules, les voitures volent au-dessus des bouchons, l'argent tombe du ciel...), le rêve ouvre la voie à plus de flexibilité, de fluidité et d'inventivité dans le quotidien courant. À même de dépoussiérer, au passage, le canal de l'intuition. L'effet va donc bien au-delà des rêves de la nuit, glissant de la créativité dans le fil de nos journées et de nos activités. *« Si c'est possible la nuit, pourquoi cela ne le serait-il pas le jour ? »*, semble nous souffler le rêve...

Tout comme pour le génie artistique, il arrive que le génie onirique flirte avec le surréalisme, voire le délire. Mais cela aurait un sens et serait beaucoup plus logique qu'on ne le croit, au premier abord ! En effet, pour le professeur Jacques Montangero, de l'université de Genève, auteur de nombreuses études sur le sujet, le mode d'expression un brin délirant du rêve atteste que le cerveau en apprentissage sous-tend une phase d'exploration et de tâtonnements[1]. Cette rumination mentale serait d'une créativité débridée parce qu'elle agglomère et réorganise des éléments puisés dans le vaste stock de souvenirs et l'inventaire des émotions fondamentales. En entremêlant les fils de ces matériaux, le rêve tisse une trame inattendue, paraissant saugrenue à première vue, en quête d'issues et de résolutions inédites. Le rêve aurait donc un rôle de « simulation de la créativité », d'où son aspect anarchique, chaotique et abracadabrantesque, alors qu'il est bien plus structuré qu'il n'y paraît – autrement dit, il se met à simuler un monde fictif dans lequel les événements se déroulent, telle une *« répétition générale »*, comme aime à dire Stephen LaBerge, l'un des pionniers de l'étude scientifique du rêve lucide.

Cette créativité pourrait être une manière de rompre avec les routines qui tournent en rond, afin d'élaborer de nouvelles solutions. Une façon aussi de décoller le nez du guidon ! Selon cette vision, la nuit, le cerveau explore, imagine, expérimente et sélectionne des réponses et solutions aux problématiques de l'être. Parfois cela aboutit à des résolutions inédites (d'où, de temps à autre, cette sensation d'un « eurêka » nocturne), d'autres fois cela se limite à de pénibles tâtonnements ou même au phénomène du « disque rayé », propre à ces rêves ou cauchemars traumatiques qui tournent en boucle (Mireille évoque ainsi un songe qui la hante depuis des années, malgré une thérapie approfondie, où elle se transforme en poisson… et se noie !).

1. Jacques Montangero, « L'étude expérimentale et cognitive du rêve. Remise en cause de quelques idées reçues », in *Visions du rêve*, Genève, Georg, 2002.

Une créativité ébouriffante qui peut donc s'avérer réitérative, tant que l'on n'a pas saisi le message ou levé le trauma. Comme si le rêve venait taper sans cesse sur le même clou, jusqu'à « l'enfoncer » dans notre réalité…

Pour Pauline, c'est clair : les deux rêves majeurs qui se sont répétés, en boucle, tout au long de son enfance et de son adolescence, venaient lui parler, avec une inventivité hautement symbolique, du secret de famille qu'elle n'a percé qu'à l'âge adulte. *« Toute petite (entre 3 et 7 ans, environ), j'ai fait le même rêve quasi chaque jour. J'assiste à un spectacle de guignol, où les marionnettes, aux visages familiers et rassurants au départ, deviennent grimaçantes et menaçantes. Elles finissent par sortir du cadre du petit théâtre et m'attaquent, faisant irruption dans la "vraie vie". Cela me terrorise ! D'autant que j'ai l'impression, à plusieurs reprises, de faire ce rêve en étant éveillée, ne sachant plus quelle est la frontière entre rêve et réalité… Vers l'adolescence et le début de l'âge adulte, c'est un autre rêve qui hante mes nuits : je me trouve dans la maison familiale, à deux étages. Au début, tout est normal. Je suis avec mes parents et mon frère. Nous mangeons, nous parlons et nous rions de bon cœur. Je vais dormir, à l'étage. Quand je me réveille, le lendemain, je descends au rez-de-chaussée, où tout est pareil… sauf que ma famille ne me reconnaît pas. Indifférents dans un premier temps, comme si j'étais invisible, mes proches se révèlent ensuite hostiles, me traitant de folle quand je leur dis qui je suis. Ce sentiment d'exclusion et d'illégitimité m'est insupportable, tant dans le rêve qu'au réveil ! Or, après un long travail de thérapie, j'ai découvert qu'il y avait un secret de famille, concernant mon origine : mon père n'est pas mon père, et tout le monde (ou presque) le savait, sauf moi »*, témoigne Pauline, dont la rémanence de ces rêves phares a éclairé la quête de vérité. Ces deux songes distincts, au fil rouge similaire, avec leur scénario déjanté, semblaient venir, en effet, frapper à la porte de sa conscience pour lui dire ce qu'on lui cachait sur le plan familial.

À la lumière de diverses études, il apparaît donc clairement que la créativité du rêve apporte des réponses, prioritairement sous forme d'images (nous verrons pourquoi, un peu plus bas), à des problématiques posées à l'état de veille. Durant les songes nocturnes, l'esprit ne peut imposer ni censure ni hiérarchisation de ce qui est important ou pas, contrairement aux schémas qui nous conditionnent durant l'éveil diurne. Les petits arrangements de l'esprit avec la réalité des choses n'ont pas cours, de nuit !

On ne s'étonnera pas que la créativité du rêve, qui va puiser tant au matériau intime qu'aux grands symboles universels, entre en résonance avec la flamme créative, artistique ou scientifique. Artistes, écrivains et autres chercheurs, branchés sans peine sur la fréquence de l'intuition, de l'imagination, peuvent trouver matière à songer, matière à créer dans leurs rêves. En prolongement de leurs cogitations diurnes, se révélant par moments stériles. Depuis la nuit des temps, les rêves sont considérés comme des sources d'inspiration, dans presque tous les domaines de l'activité humaine.

Cette idée, par ailleurs, s'avère follement romantique, et il est donc difficile de faire la juste part des choses entre légende et réalité. Que de créations, de la littérature à la science et à l'ingénierie, de la peinture à la musique et aux sports, dit-on devoir au bon génie du rêve à travers l'histoire, sans que cela soit toujours vrai ou vérifié ! Mais, dans ces pages, nous sommes aussi là pour rêver. Aussi voici quelques œuvres et inventions que l'on dit s'être inspirées à la source du rêve… et qui y ont gagné une incomparable aura !

Le chercheur et spécialiste du rêve lucide, Stephen LaBerge, nous invite ainsi à nous remémorer l'histoire du chimiste russe Dmitri Mendeleïev (cela rappellera de douloureux souvenirs à bien des anciens élèves…). Ce dernier avait travaillé des années pour tenter de découvrir une manière de classifier les éléments en fonction de leur poids atomique. *« Une nuit de 1869, le chimiste va au lit épuisé après avoir consacré de longues heures à essayer de résoudre le problème. Plus tard, cette même nuit, il "vit dans un rêve un tableau dans lequel tous les éléments se mettaient à leur place de la manière requise". À son réveil, il transcrivit immédiatement sur papier le tableau tout frais dans sa mémoire. Très étonnamment, Mendeleïev signala que "seulement une correction s'avéra un peu plus tard nécessaire". C'est ainsi que la table périodique des éléments, une découverte fondamentale de la science moderne, vit le jour au sein d'un rêve »*, relate Stephen LaBerge[1].

Poursuivons dans la science… Le modèle de l'atome aurait aussi, dit-on, fleuri en songe. Alors qu'il était encore étudiant, Niels Bohr fit un rêve étrange. Il se vit sur un soleil de gaz brûlant. Des planètes passaient en sifflant. Elles étaient reliées à ce soleil par de minces filaments et tournaient autour. Soudain, le gaz se solidifia, le soleil et les planètes se réduisirent. Niels Bohr se réveilla à ce moment et eut conscience qu'il venait

1. Stephen Laberge, *S'éveiller en rêvant. Introduction au rêve lucide*, Almora, 2008, p. 70-71.

de découvrir le modèle de l'atome, tant cherché. Le « soleil » était le centre fixe autour duquel tournoyaient les électrons. Toute la physique atomique moderne et ses applications sont sorties de ce rêve[1].

Toujours dans le même domaine, citons aussi l'un des exemples les plus connus (et décriés) ; celui du chimiste allemand Friedrich August Kekulé qui, ayant fait le rêve d'un serpent se mordant la queue, se réveilla avec l'idée de la structure moléculaire du benzène qui est précisément de forme circulaire. Voici le récit qu'il en fit : *« Mon esprit était ailleurs… je tournai ma chaise vers le feu et m'assoupis. À nouveau, les atomes gambadèrent devant mes yeux. Cette fois-ci, la plupart des plus petits groupes se tenaient à l'arrière-plan. Instruit par plusieurs visions de ce type, je pouvais maintenant distinguer mentalement de grandes formations aux formes diverses. De longues chaînes… tout était en mouvement, se tordant et ondulant comme des serpents. Et soudain… qu'était ceci ? Un serpent attrapa sa queue et, narquoise, la forme tournoya devant mes yeux. Je m'éveillai comme frappé par la foudre ; cette fois encore, je passai la nuit à calculer les conséquences de cette vision. »* Cela dit, d'après bien des sources, il semblerait que ce rêve soit… un rêve ! Il tiendrait du mythe. Ce qui n'a pas empêché le scientifique d'être anobli.

Plus prosaïque, mais pour le moins utile, il est dit que c'est en rêvant qu'Elias Howe finalisa son invention de la machine à coudre. Ce dernier souffrait de voir son épouse se piquer au sang en cousant. *« Il rêva qu'il était captif d'indigènes qui exécutaient devant lui une*

1. Louis Pauwels, Jacques Bergier, *Le Matin des magiciens*, Folio Gallimard, 1960, p. 478.

sorte de danse. Ses ravisseurs tenaient chacun une lance dont la pointe était percée d'un trou à son extrémité – trou par lequel passait une corde reliant toutes les lances entre elles. En se réveillant, il eut l'idée qui permettait de concevoir la machine à coudre : il fallait percer le chas à l'extrémité pointue de l'aiguille et non à l'autre, comme pour les aiguilles à coudre », rapporte Tobie Nathan dans sa *Nouvelle interprétation des rêves*[1].

L'enseignement, fourni par ces exemples, est que le rêve ne fait pas qu'exprimer, il ne se contente pas de reproduire. Il crée. Illustrant ainsi son incroyable capacité à élaborer des propositions nouvelles… et innovantes.

Évidemment, la création littéraire n'a pas échappé à cet ensemencement fécond par le génie du rêve ! Ainsi, raconte-t-on que des chefs-d'œuvre tels que *La Divine Comédie* de Dante, *Candide* de Voltaire ou encore *Ulysse* de James Joyce auraient été soufflés (pour tout ou partie) par des songes d'une nuit inspirée. Quant à Ionesco, il aurait puisé le souffle inventif de ses pièces de théâtre dans une abondante production onirique…

Plus inattendu et plus cocasse, il semble que René Descartes, père du rationalisme moderne, aurait trouvé sa voie… en rêve ! Pas très cartésien, tout ça !? Sans rentrer dans les détails, il fit trois rêves fondateurs, successifs, dans la nuit du 10 au 11 novembre 1619. Après les deux premiers rêves, effrayants, peuplés de fantômes et de phénomènes étonnants (un vent violent le repoussant sans ménagement, un coup de tonnerre ou encore des étincelles de feu…), il eut un troisième songe, bien moins terrifiant. *« Dans ce dernier, il trouva un livre sur*

1. Tobie Nathan, *op. cit.*, p. 87.

sa table [...], *voyant que c'était un dictionnaire, il en fut ravi dans l'espérance qu'il pourrait lui être fort utile. Dans le même instant, il se rencontra un autre livre sous sa main. Il trouva que c'était un recueil de poésies de différents auteurs, intitulé* Corpus Poëtarum. *Il eut la curiosité d'y vouloir lire quelque chose : et à l'ouverture du livre, il tomba sur le vers* Quod vitae sectabor iter ? *("Quel chemin suivrai-je dans la vie ?")* », relate son biographe, Adrien Baillet, dans *Vie de Monsieur Descartes* (1692)[1]. René Descartes prendra très au sérieux ces trois rêves, qu'il consignera d'ailleurs dans un document qui l'accompagnera jusqu'au crépuscule de sa vie. Il percevra – surtout dans l'ultime songe – une injonction à dédier son chemin de vie à la recherche de la vérité scientifique. Et tout « cartésien » qu'il fût, il écouta la voix de ses rêves. Un joli paradoxe, non ?!

Dans certaines cultures traditionnelles, il s'avère que l'on attache une importance particulière à l'inspiration créative des rêves. Ainsi, en Australie, un chant inédit, une nouvelle histoire, un motif ou un autre produit créatif nouveau reçu dans un rêve, seront-ils perçus par les Aborigènes comme les reproductions, livrées par un ancêtre du « Temps du Rêve », de créations originales. Ces présents artistiques sont donc considérés, non comme des créations originales, mais plutôt comme étant canalisées par le rêveur, qui est vu comme un passeur de la sagesse des ancêtres. Au travers des mythes et des récits de rêves de peuplades aborigènes contemporaines, il apparaît que les produits artistiques se sont manifestés au cours de

1. Adrien Baillet, *Vie de Monsieur Descartes* (réédition), La Table Ronde, 1992.

rêves depuis des temps immémoriaux et qu'aujourd'hui encore, ils continuent à enrichir la culture aborigène[1].

Autre exemple connu, bien que controversé, celui du peuple Senoï (Malaisie), que l'on a surnommé « le peuple du rêve ». D'après les recherches menées par l'anthropologue Kilton Stewart (relayées ensuite par le livre à succès *Creative Dreaming* de Patricia Garfield), cette ethnie accordait au travail créatif sur le rêve une grande valeur. Ainsi auraient-ils élaboré des méthodes sophistiquées pour influer sur les rêves et pour en recevoir une inspiration créatrice – par l'encouragement, l'autosuggestion et le partage quotidien des rêves, au sein même de la communauté, tous âges confondus. Ce travail actif sur les rêves semblait avoir pour but d'affronter et surmonter un danger au sein d'un rêve, de provoquer un dénouement positif ou créatif (par le rêve conscient), voire de désamorcer une situation potentiellement explosive dans le réel. Avec, comme corollaire, une pacification des relations et, semble-t-il, une diminution des maladies mentales. Toutefois, ces observations seraient à prendre avec précaution, les chercheurs n'ayant pu vérifier, par la suite, les affirmations de Stewart selon lesquelles cette société se rapprochait d'un tel idéal utopique.

En revanche, là où des chercheurs contemporains rejoignent (le rêve ?) de Stewart, c'est qu'il semblerait que l'aptitude à orienter les rêves vers une issue positive puisse avoir un impact favorable, notamment en termes de confiance en soi… et de créativité inédite (pour aller plus loin, voir la dernière partie de cet ouvrage, « Éveiller le rêve », p. 159).

1. Namkhai Norbu, *Le Yoga du rêve*, *op. cit.*, p. 31-32.

Il faut aussi souligner la valeur indiscutable accordée au potentiel créatif des rêves par la culture tibétaine traditionnelle. *« Il existe dans le bouddhisme tibétain une catégorie de rêves appelée Milam Ter ou "rêves-trésors". Ces trésors sont des enseignements considérés comme la création d'êtres qui ont atteint l'éveil. Ils ont été à dessein cachés ou mis en réserve pour profiter aux générations futures »*, souligne Michael Katz, en préambule à l'ouvrage *Le Yoga du rêve*[1].

Si l'on aborde la créativité du rêve, il n'est pas inutile d'évoquer son mode d'expression, qui emprunte à la dimension de beauté et de poésie... si nécessaire pour nous sortir de la trivialité du quotidien. Une dimension prompte, ici, à s'exprimer en images d'une richesse inouïe. Cette prééminence de l'image dans le scénario du rêve remonterait, en fait, à nos origines... Les recherches en neurobiologie tendent, en effet, à démontrer que le bébé pense sans doute d'abord en images. Ce serait là, le berceau, la genèse de la constitution de la pensée, avant qu'elle ne puisse se convertir en concepts. *« Le rêve mélange des éléments du signifiant (parfois il utilise de vrais mots, il met bout à bout des signifiants ou bien il jouera sur les mots), mais il va d'abord, en priorité, puiser à ce rapport premier au monde. Ce moment où l'affect, l'émotion, la pensée, l'image ne sont pas encore dissociés, et sont un »*, éclaire Anne Dufourmantelle[2].

Et si le rêve nous ramenait tout simplement à la magie de la vie, à son étincelle créatrice ?...

---

1. *Ibid.*, p. 33.
2. En entretien.

Quand le rêve soigne

Le rêve crée et solutionne, donc. Il guérit aussi. Certes, nous avons exploré longuement ses capacités thérapeutiques à exprimer ce que l'inconscient cherche à nous faire savoir, de ce qui se joue dans nos plus intimes profondeurs, dans nos questionnements existentiels. Ce qui a mis en évidence ses vertus équilibrantes sur le plan psychologique et émotionnel. Mais n'en déplaise au paradigme scientifique occidental, enclin (encore et toujours) à séparer le corps et l'esprit, nous sommes des êtres holistiques. Et le rêve, par sa nature même, si spécifique, s'adresse à nos différentes dimensions : physiologique, psychique, énergétique, spirituelle… Il les relie, dans les replis du sommeil. *« Dans notre société de coupure, de séparation, de morcellement mortifère, le rêve unifie et donne accès à l'holistique. On se vit ainsi comme non séparé : de soi, du monde, des autres, de notre généalogie »*, précise Pierre Lembeye[1].

Le rêve peut donc (nous) aider à rétablir l'harmonie, dont on sait qu'elle est indissociable de la santé. *« La nature, en l'homme comme hors de lui, est harmonie, équilibre. Le trouble de cet équilibre, de cette harmonie est la maladie. Dans ce cas, la maladie n'est pas quelque part dans l'homme ; elle est dans tout l'homme et elle est tout entière de lui, les circonstances extérieures sont des occasions mais non des causes »*, affirme ainsi Georges Canguilhem, professeur de philosophie de Michel Foucault, et occasionnellement médecin, qui prolonge ainsi la pensée d'Hippocrate.

1. En entretien.

On ne s'étonnera pas que nombre de cultures traditionnelles, des Shipibos d'Amazonie aux Tibétains, utilisent, entre autres rites sacrés, le travail harmonisant du rêve, dans les processus de guérison. *« Chez les Navajos, "santé" se dit* hozho *et ce terme désigne également "beauté", "équilibre", "harmonie", "ordre", "bien". Ils se réfèrent à l'harmonie, à l'analogie entre micro- et macrocosme. Pour eux, la maladie résulte d'un équilibre rompu avec la beauté, l'harmonie qui non seulement entoure l'individu, mais qui est également en lui, et cela à cause d'une faille dans sa manière de vivre et de penser. D'où des cérémonies rituelles très complexes fixées par les ancêtres et léguées aux hommes médecine, où le travail sur les rêves occupe une place importante (aux côtés des chants, prières, danses, peintures...). Le patient est guéri lorsqu'il a retrouvé l'harmonie et sa place dans l'univers... même s'il vient à mourir de sa maladie. On a pu constater que sur les Navajos, par exemple, ces rituels ont des effets supérieurs aux placébos – semble-t-il, faut-il préciser, parce que ces rituels entrent dans leurs codes culturels »*, explique le neurologue Pierre Lemarquis, auteur d'un remarquable ouvrage sur l'impact de l'harmonie sur notre vie[1].

Selon Pierre Lembeye, le rêve serait à même de « desserrer » certains symptômes. Et de préciser son propos : *« Le symptôme* [nous] *parle. Il raconte des histoires qui nous enseignent des choses essentielles, que l'on peut accueillir et interpréter. Il y a donc une analogie avec le rêve qui, lui aussi, nous donne un accès privilégié à nos profondeurs, à une dimension plus large de nous-mêmes, à d'autres possibles... Il nous connecte avec le meilleur de l'être, puisqu'il nous offre*

1. En entretien. Lire Pierre Lemarquis, *Portrait du cerveau en artiste*, Odile Jacob, 2012.

de communiquer avec plus large que soi. Ce n'est certes pas le cas de tous les rêves. Mais il y a des rêves véritablement thérapeutiques, qui peuvent se présenter de manières différentes. De vrais cadeaux ! »

Si le rêve biologique parvient à « connecter » l'esprit et agir dessus, le travail intérieur qu'il met en branle peut également être un outil de soin pertinent pour accompagner une démarche thérapeutique concernant le corps et ses souffrances ou ses pathologies. « *Je considère que le rêve est le pont entre notre corps et notre conscience. Il a plus d'accès au corps que nos capacités rationnelles. En entrant dans le rêve, vous avez plus d'accès aux processus corporels* », spécifie la psychothérapeute Brigitte Holzinger, de l'Institut pour la recherche du rêve et de la conscience[1]. C'est un accord bilatéral, pourrait-on dire. « *La libération des tensions emmagasinées au niveau inconscient peut produire de façon assez troublante ce que l'on appelle une catharsis, c'est-à-dire une libération des mémoires corporelles douloureuses enregistrées par l'individu* », observe, à la lumière de son expérience d'accompagnement, Michel Odoul, fondateur de l'Institut français de shiatsu et psycho-énergéticien[2]. Pour illustrer cela, il évoque le cas d'une jeune fille, atteinte d'une grave scoliose qu'il a été amené à traiter (en collaboration avec un ostéopathe et un médecin homéopathe). « *Dans l'année qui a précédé sa visite, Carine avait perdu tous ses repères du fait de choix et de décisions d'adultes. Déménagement, changement d'école et activité professionnelle très prenante d'un père qui lui semblait trop absent lui ont fait perdre confiance dans le monde des adultes. Elle*

1. *Inexploré*, n° 10, avril-juin 2011, p. 46.
2. *Ibid.*, p. 52-54.

avait cependant un "soleil" dans son cœur, la présence et la complicité profonde d'une amie d'école. Elle fut à nouveau "trahie" par des adultes, car les parents de cette amie décidèrent de déménager et la mère de la jeune fille refusa qu'elles continuent à se voir épisodiquement ou à entretenir une correspondance. À dater de ce jour, Carine arrêta de grandir, développa une scoliose "flambante" et décida de garder ses repères de l'enfance. »

Michel Odoul sut que la jeune fille avait gagné la partie quand, après leur troisième séance, elle lui raconta avoir fait, dans la nuit qui suivit, un terrible cauchemar dans lequel un « adulte tuait un enfant »… *« Je lui dis aussitôt combien ce rêve me faisait plaisir et lui expliquai pourquoi. À travers lui et les images qu'il comportait, quelque chose au plus profond d'elle lui disait qu'elle avait décidé de quitter l'enfant qu'elle s'obstinait à vouloir rester. La part "adulte" en elle avait décidé "d'en finir avec l'enfant". Elle exprimait ainsi qu'elle avait réellement décidé de quitter l'enfance. »*

Le rêve, tel un « accusé de réception » de l'inconscient, était venu, en quelque sorte, valider le travail fait sur son corps pour permettre à sa colonne de se redresser. Cela lui permit ainsi de « changer le programme » mis en place inconsciemment.

Le « rêve guérisseur » traîne une longue histoire derrière lui… Ainsi, l'incubation, du latin *incubare*, « coucher dessus », désigne un rite déjà répandu dans l'Antiquité grecque et romaine, consistant à dormir dans un sanctuaire afin d'inviter le dieu dans ses rêves – ainsi que nous l'avons déjà évoqué, plus haut. On y recourait donc pour demander la guérison.

Remontons le temps… Nous sommes aux alentours des ve-ive siècles av. J.-C., en Grèce. À Épidaure, plus précisément, où se situait l'un des temples les plus réputés dédié à Asclépios (Asklêpiós). Ce dieu oracle était symbolisé par un serpent (qui a inspiré le caducée, emblématique de la profession médicale), et les candidats aux rêves dormaient bien souvent entourés… de serpents. Tous les aspects du temple lui-même étaient conçus de façon tant à mobiliser et stimuler le fonctionnement de l'esprit inconscient qu'à invoquer les esprits. Le « sommeil d'incubation » mettait en pratique un ensemble de techniques et de rituels complexes, visant essentiellement à préparer un sommeil propice, pendant lequel le malade serait visité par un songe qui lui révélerait les remèdes pour aller mieux. Dans les cas favorables, Asclépios, dieu médecin, avatar d'Apollon, appliquait le traitement en personne. Il apparaissait alors au rêveur sous la forme d'un homme barbu ou d'un animal, et il n'était pas rare que l'individu se réveillât guéri.

On peut encore lire, sur les stèles gravées pour l'éternité, les récits immémoriaux des rêves et des guérisons. *« Plié en deux, l'homme avançait péniblement, se tenant le ventre. Le prêtre vit sa souffrance, mais il ne pouvait lui permettre de pénétrer ainsi dans l'*abaton*, l'espace sacré. Il le conduisit jusqu'à la source et lui demanda de s'y plonger à trois reprises pour se purifier. L'homme grelottait en émergeant de l'eau glacée* […] *Lorsqu'il entra dans l'*enkoimétérion*, "le portique d'incubation", il fut effrayé par la quantité de serpents à grosses joues qui grouillaient sous ses pas, mais la statue d'Asclépios* […] *le rassura. Le dieu tenait un bâton sur lequel un serpent était sagement enroulé. Il s'étendit sur la peau d'animal tendue à même la pierre et s'endormit… »*

C'est là que le destin de l'homme malade bascula... Il vit un rêve (rappelons-nous qu'en Grèce, on « voyait » un rêve plutôt que de le « faire », soulignant l'aspect « vision » d'un songe)... « *Le dieu apparut au-dessus de lui, souriant. Il lui ouvrit la poitrine avec un long couteau et lui retira des sangsues. Il les lui remit dans la main, en recousant sa poitrine, puis, d'un signe, il le pria de repartir. Et le dieu disparut. Le lendemain, l'homme quitta Épidaure en tenant les bêtes dans sa main. Il comprit que sa belle-mère les avait dissimulées dans le* kykéon, *le breuvage de vin et de miel qu'elle lui avait fait boire. Il comprit que c'est cela qui l'avait rendu malade*[1]. » La morale de l'histoire, c'est que les belles-mères n'avaient déjà pas le beau rôle, à l'époque ! Tant en rêve que dans la réalité.

Le succès de ces lieux de pèlerinage onirique fut tel qu'on en comptait des centaines à l'époque romaine. Le Moyen Âge chrétien se contenta de changer de dieu, et l'incubation se poursuivit dans les sanctuaires des saints. Elle eut un succès plus grand encore en Islam et en Égypte. Au XIIe siècle, les juifs venaient consulter en rêve Maïmonide, le sage médecin de Saladin, en dormant la tête sur son tombeau[2].

Des exemples de guérison par l'entremise de rituels de rêve sont également très répandus dans les cultures traditionnelles, notamment chamaniques. Richard Grossinger, auteur de nombreux ouvrages sur l'ethnographie du rêve, cite ainsi des sources amérindiennes provenant des tribus

1. Pierre Sineux, « Les récits de rêve dans les sanctuaires guérisseurs du monde grec : des textes sous contrôle », *Sociétés et Représentations*, 2007/1 (n° 23), p. 45-65.
2. Tobie Nathan, « Incubation. Grèce antique », *Philosophie magazine*, n° 84, novembre 2014, p. 75.

Crow, Blackfoot, Kwakiutl et Winnebago ; celles-ci rapportent des rêves dans lesquels un animal ou un oiseau apparaît et enseigne des traitements qui, une fois appliqués dans l'état de veille, s'avèrent détenir un pouvoir de guérison.

Au travers de cette approche, le chamanisme mobilise les capacités d'autoguérison de tout individu. « *Si l'on veut aller au-delà de la guérison du symptôme et s'attaquer à la cause profonde, on doit guérir soi-même la partie psycho-émotionnelle impliquée dans le symptôme physique. Le chamanisme propose des outils efficaces pour travailler sur soi, entre autres par le travail sur les rêves. On agit alors sur le psychologique et l'émotionnel, afin de faciliter la guérison du corps. La crise (la maladie, le mal-être) devient ainsi le fondement du progrès* », éclaire Paul Degryse, qui transmet les enseignements du chamanisme toltèque, via des livres, stages et autres conférences[1].

Parmi les axes métaphysiques du chamanisme toltèque, citons cette notion, selon laquelle, en toutes circonstances, nous créons la réalité que nous vivons sur plusieurs plans. « *Sur un plan ontologique et sensoriel, nous sélectionnons les informations qui nous bombardent en permanence avec nos outils de perception ; nous faisons un "filtrage" en extrayant une petite partie qui correspond à notre culture et à notre individualité. Puis, nous interprétons cette information extraite pour juger de la réponse que nous allons donner à la situation. Et, là aussi, il y a un filtrage à travers nos valeurs personnelles. En fait, on crée l'événement de toutes pièces. Cette création de réalité est à la fois individuelle et collective, au travers de la subjectivité partagée* », explique

1. En entretien.

Paul Degryse, soulignant, au passage, que la physique quantique tend à abonder dans ce sens. Il cite Arthur Eddington, physicien et mathématicien : *« Il se pourrait que cet univers ne soit que mental. »* C'est là que le rêve intervient ! Si un individu souffre d'un cancer (par exemple), l'approche chamanique suggère qu'il pourrait être à même de le « transformer »… *« C'est son rêve à lui. Et il peut changer de rêve ; c'est pourquoi les chamanes apprennent à rentrer dans leurs rêves et à en modifier le contenu. En apprenant à orienter délibérément le déroulement de leurs rêves, ils mettent en place le pouvoir de modifier profondément leur existence hors du rêve… qui est un autre rêve, d'ailleurs »*, remarque Paul Degryse.

Allons plus loin dans ce paradigme. Il est dit également, dans cette approche chamanique, qu'en cultivant l'intention *(intento)*, nous aurions accès au fil conducteur entre ce que *veut* l'esprit et ce que *fait* le corps. *« Il s'agit d'un couloir magique – à débroussailler – qui mène de l'intention de l'esprit au changement dans le corps. L'autoguérison est alors à portée de main, du moins pour tout qui travaille sérieusement le nettoyage de son tonal (qui consiste à dépister et éliminer toutes les routines mentales, émotionnelles, corporelles et comportementales, qui nous font perdre de l'énergie) et sa capacité de* faire du rêve. *Un nouveau cercle vertueux se met en place qui mène à la plénitude de soi »*, poursuit Paul Degryse (lire, plus loin, la section spécifique « Faire du rêve », p. 189).

Ce subtil éveil de conscience au creux du songe n'est pas sans rappeler le travail du rêve lucide, où il est possible d'expérimenter qu'en rêve, contrairement à notre réalité physique très limitée, nous sommes reliés à tous les autres niveaux de l'être. *« On peut guérir le corps phy-*

sique, matériel, par le tout-puissant corps subtil. L'état de rêve connecte l'être à la pleine dimension de tous ses possibles. Lorsque nous "réintégrons" le corps physique, à l'issue du rêve, nous pouvons, alors, nous transformer », témoigne Monique Tiberghien, enseignante en rêve et rêve lucide, qui a découvert, enfant, l'autoguérison par le chemin du rêve, bien avant que ne commence sa trajectoire de thérapeute (lire plus haut « Le rêve lucide », p. 88)[1].

Sur le plan énergétique, Monique Tiberghien tient à rappeler que les rêves sont la matérialisation du *chi* (l'énergie vitale) sous forme d'images ; on peut donc très bien agir dessus. « *Comme on envoie du* chi *dans les méridiens bloqués pour remettre l'énergie en "circulation libre", il est possible d'accomplir un travail avec l'énergie (via, par exemple, des sons thérapeutiques) afin de faire descendre les rêves dans la partie du corps concernée, afin de la soigner.* »

Pour résumer, bouclons la boucle sur ce qui a déjà été dit, en amont : le rêve est un vecteur important de l'équilibre des individus. Il est une soupape qui évacue les tensions psychiques, mais il est aussi un « guérisseur intérieur ». « *Cela n'a pas besoin de passer par des grands rêves ou des cauchemars terribles. Cela se fait naturellement chaque nuit mais aussi chaque jour, car les pensées que nous avons en nous sont déjà des "images" dont nous ensemençons nos profondeurs et qui agissent* », conclut Michel Odoul. À nous de choisir lesquelles !

1. En entretien.

Une fenêtre ouverte sur la mort

Et si le rêve, et l'état de conscience particulier qu'il induit, ouvraient une perspective sur la mort ?... C'est en tout cas l'hypothèse distillée par certaines traditions, rejointes d'une certaine manière par la psychanalyse et la psychologie des profondeurs. Voilà qui vient faire écho au vertigineux questionnement existentiel sur l'éventualité d'un continuum de conscience !

Dans *Le Sommeil et la Mort, ainsi que les phénomènes liés à la vie mentale*, ouvrage publié en 1866, Franz Splittgerber, penseur polymorphe, écrit ceci : *« Dans le rêve, l'âme se voit libérée de la pensée ordonnée et descend dans les abysses, où elle peut commencer à avoir une activité propre, vivace et accrue. »* Tout comme Freud s'y attellera quelques décennies plus tard, Splittgerber entendait observer l'homme à partir du moment où sa conscience ordinaire « finit ». Selon lui, on pouvait trouver dans les rêves significatifs, *« l'esprit éternellement éveillé qui est au fondement de l'être »*.

Cette résonance – tissée d'images, de symboles et de manifestations – entre ces états de conscience, indicibles et mystérieux, induit secrètement qu'il est possible d'agir dessus. Ainsi, de nombreuses traditions envisagent le rêve comme une pratique spirituelle, en vue de (nous) préparer au « grand oral », si l'on peut dire...

Pour le bouddhisme tibétain, qui comporte une pratique sophistiquée de yoga du rêve (dont nous parlerons plus loin), apprendre à rêver, c'est apprendre à mourir. *« Dans le bouddhisme, l'origine des rêves est considérée comme une interface entre divers degrés de subtilité des corps*

– le niveau grossier, le subtil et le rêve subtil. [...] *Toujours et partout, les humains ont eu à franchir deux passages majeurs dans la vie, au cours desquels notre esprit habituel semble se dissoudre et entrer dans un royaume radicalement différent. Le premier passage est le sommeil, le second est la mort.* [...] *Ce sont des zones d'ombre de l'ego »*, enseigne ainsi le dalaï-lama[1]. Zones d'ombre dans lesquelles l'être peut apprendre à « naviguer » avec lucidité, afin de les mettre en lumière, au sens propre et figuré.

Dans le fameux *Bardo-Thödol*, le *Livre tibétain des morts*[2], on peut ainsi découvrir tout autant un art de vivre (de méditer, de rêver...) qu'un art de mourir. Contrairement à la conception occidentale qui oppose la vie et la mort, la tradition tibétaine s'appuie sur un continuum de l'existence, qui est une suite d'états de conscience ou champs d'expérience, appelés donc « bardos ». Dans le processus existentiel, il y a six bardos : le bardo de la vie ; celui du rêve ; celui de l'état méditatif ; celui du moment de la mort ; celui où l'esprit peut reconnaître sa propre nature ; enfin, celui du devenir (globalement l'intervalle entre une existence et la suivante). Le *Bardo-Thödol* est avant tout un art de l'attention aux états de conscience, aux perceptions, aux phénomènes manifestés dans ces mondes « intermédiaires » ; entre la conscience ordinaire, avec ses dualités, et la pure conscience sans dualité.

À la lecture de ce livre essentiel, mais aussi en écoutant les enseignements des maîtres bouddhistes, il est frappant

1. *Dormir, rêver, mourir. Explorer la conscience avec le dalaï-lama*, Nil, 1998.
2. Nom composé de *bardo* (« état intermédiaire »), *thö* (« entendre ») et *dol* (« libérer »), soit « la libération par l'audition pendant les stades intermédiaires ». Lire *Bardo-Thödol*, présenté par Lama Anagarika Govinda, Albin Michel, 1981.

de constater qu'il est régulièrement rappelé la similitude entre les états que l'on traverse dans les rêves et ce que l'on serait susceptible de « rencontrer » au moment de sa mort. Autrement dit, si vous voulez savoir de quel état de conscience vous ferez l'expérience dans le bardo de la mort, il suffit de regarder vos rêves ! *« Le niveau de conscience dont nous faisons l'expérience pendant l'état du bardo de la mort et celui dont nous faisons l'expérience dans l'état du rêve sont similaires. Nous pouvons être très conscient ou au contraire nous trouver à différents degrés d'inconscience, aussi le rêve et le bardo de la mort sont-ils très similaires. Par exemple, si dans vos rêves vous réagissez de manière claire, lucide, positive, alors il est très probable que vous réagirez de la même manière au moment de la mort. Le rêve peut être vue comme un indicateur de la façon dont vous réagissez au moment de la mort »*, explique ainsi Ringou Tulkou, docteur en philosophie bouddhiste[1].

Concrètement, lors des différents « passages » de ces bardos, l'enjeu est d'entretenir des conditions favorables pour que l'être puisse s'ouvrir à ce que cette tradition appelle la « claire lumière », nature fondamentale de l'esprit. Ce qui se traduit, plus spécifiquement concernant le rêve, par des pratiques permettant un éveil de conscience, une lucidité affûtée, au cœur du songe. Tel un « entraînement » au grand passage du bardo de la mort…

Cette lucidité est essentielle. D'autant que rêve et mort semblent liés par un phénomène étonnant : tous les verrous sautent, tous les filtres disparaissent. On se retrouve donc face à un « absolu » de soi-même. Émo-

1. Entretien relaté dans *La mort n'est pas une terre étrangère* de Stéphane Allix, Albin Michel, 2011.

tions, ressentis, travers et autres frustrations sont alors passés à la loupe.

« Si nous n'avons pas conscience que nous sommes en train de rêver, nous pouvons être submergé par ce qui se produit dans le rêve », alerte Rob Nairn dans son livre *Living, Dreaming, Dying : Wisdom of Tibetan Psychology*[1]. Il poursuit : *« Au début, le rêve nous contrôle parce que nous ne le voyons pas pour ce qu'il est, nous ne l'avons pas nommé pour ce qu'il est. Alors, la conscience est dominée par cet état de rêve qui est autonome. Lorsque nous reconnaissons être en train de rêver, nous sommes libres, et pouvons faire ce que nous voulons, voler dans les airs, passer à travers les montagnes, changer les paysages, changer les monstres en anges, parce que ce rêve est le nôtre, nous avons mis fin à son autonomie et intégré son pouvoir. »*

Cette prise de conscience est un premier pas vers la liberté. Nous ne sommes plus alors le jouet du rêve, nous devenons le maître des illusions !

Le même processus serait donc à l'œuvre au moment de la mort[2]. *« Lorsque les éléments commencent à se désintégrer et que la conscience commence à se séparer de ses constituants physiques, des manifestations très puissantes se produisent dans l'esprit de la personne en train de mourir*, écrit Rob Nairn. *Une personne non préparée peut ne pas les reconnaître pour ce qu'elles sont, et va certainement éprouver peur et confusion. Mais si elle reconnaît ce qui est en train de se produire, cette reconnaissance réduit la nature autonome de*

1. Rob Nairn, *Living, Dreaming, Dying. Wisdom of Tibetan Psychology*, Kairon Press, 2002.
2. Pour approfondir ce sujet : Carine Anselme, *Quand la mort arrive*, La Martinière, coll. « Expériences extraordinaires » (sous la direction de Stéphane Allix), 2013.

l'expérience. » Ainsi, tout comme le rêveur peut se rendre maître des illusions du rêve, le défunt peut reconnaître dans ce qu'il vit les manifestations de son propre esprit qui chemine entre mort et renaissance.

Il semblerait donc que notre mort ressemblera à nos rêves, car des processus similaires, bien que d'intensités différentes, sont à l'œuvre dans ces deux états. « *Au moment de la mort se produisent de puissants changements psycho-physiques. Ils donnent lieu à des expériences intérieures profondes* [...] *Ce dont nous ferons tous l'expérience sont les mêmes états hypnagogiques qui accompagnent le moment de l'endormissement. Notre psychologie va directement influencer ce qui nous apparaît. Il se produira une perte de contact avec le corps physique, processus accompagné par des bruits sourds et des lumières brillantes de différentes couleurs. Ces sons et ces lumières se produiront à une échelle gigantesque et notre conscience sera submergée. La plupart des gens ne réalisent pas qu'ils sont en train de mourir, à l'inverse ils s'imaginent qu'une sorte de cataclysme est en train de se produire autour d'eux. Il est possible à une personne de traverser cette phase sans en avoir conscience, exactement comme lorsque nous nous endormons. Beaucoup de gens se couchent et s'endorment sans avoir conscience des apparitions hypnagogiques qui se produisent* », poursuit Rob Nairn.

Pour le bouddhisme tibétain, nos nuits représentent par conséquent un espace privilégié, lieu de travail sur soi et d'entraînement de l'esprit, pour chercher à démasquer les illusions du rêve. Apprendre ainsi à se connaître, par-delà les apparences et les masques. Cette maîtrise des rêves fait d'ailleurs l'objet d'une pratique détaillée (voir plus loin) par laquelle on peut maintenir la continuité de sa conscience de l'état de veille jusque dans l'état de rêve. Ce n'est pas le sommeil que recherche le dormeur, mais le rêve… pour s'éveiller[1] !

Cet écho entre les images du rêve et l'approche de la mort est présent aussi au cœur de la psychanalyse. Carl Gustav Jung a ainsi insisté sur un point : selon lui – notamment en analysant les rêves des personnes s'acheminant vers la fin de vie –, il est incontestable que la mort, en tant que fin abrupte du corps, n'a qu'une importance relative pour le psychisme inconscient. *« Tout se passe comme si la vie de l'âme, ou le processus d'individuation de chacun, se poursuivait normalement. Certains rêves annoncent aussi symboliquement la fin corporelle et insistent, explicitement, sur la poursuite de la vie* post mortem. *L'inconscient, de toute évidence, croit à une vie après la mort »*, explique la psychanalyste Marie-Louise von Franz, élève et collaboratrice de Jung[2].

Dans son ouvrage *Les Rêves et la Mort*, elle s'interroge : *« Après tout ce qu'on a dit de la mort, il y a une vie après la mort, il n'y a pas de vie après la mort, après toute la littérature que nous avons maintenant sur la mort, il était naturel pour moi de me dire : Pourquoi est-ce que personne ne regarde les rêves ? Qu'est-ce que les rêves disent de la mort ? »* Et c'est un travail minutieux d'exégèse des rêves de fin de vie qu'elle fit ; éclairée, en outre, par les témoignages de collègues psychanalystes ayant analysé des personnes âgées ou au seuil de la mort.

L'analyse d'hommes et de femmes d'un certain âge fait en tout cas apparaître dans leurs rêves une grande

1. *Inexploré*, n° 10, avril-juin 2011, p. 60.
2. Marie-Louise von Franz, *Les Rêves et la Mort*, *op. cit.*, p. 14.

richesse de symboles, comme si ces personnes se préparaient intérieurement à la mort qui approche.

Et tout dans le rêve semble indiquer qu'il est important d'aller *consciemment* à la rencontre de la mort, comme s'il fallait se décider pour ou contre elle.

Marie-Louise von Franz relate ainsi le cas d'une jeune femme atteinte de métastases cancéreuses généralisées, suivie par l'un de ses collègues psychanalystes. Même le cerveau était touché, de sorte que la malade était le plus souvent inconsciente. Elle continuait pourtant à recevoir les visites de l'analyste qui se tenait silencieusement assis auprès d'elle. Vingt-quatre heures avant de mourir, elle ouvrit tout à coup les yeux et raconta le rêve suivant : *« Je suis à l'hôpital, debout près de mon lit, je me sens forte et guérie. Le soleil entre à flots dans la pièce. Le médecin est là et me dit : "Oui, Mademoiselle, vous êtes parfaitement guérie, et d'une façon très inattendue. Vous pouvez vous habiller et quitter l'hôpital." Alors je me suis retournée et j'ai aperçu dans mon lit… mon cadavre. »* Le message réconfortant de l'inconscient selon lequel la mort signifierait une guérison, suivie d'une vie nouvelle, ne peut manifestement pas être interprété ici comme un rêve de désir puisque ce que le rêve prédit, avec une brutale évidence, c'est la fin de la vie du corps.

« Les rêves de personnes confrontées à une mort imminente montrent tous que l'inconscient, c'est-à-dire notre monde instinctif, ne prépare pas la conscience à une fin totale, mais bien plutôt à une profonde transformation et donc à un mode de continuation du processus vital que notre conscience ordinaire ne nous permet pas de saisir. Les thèmes et les structures des symboles qui apparaissent dans les rêves correspondent aux doctrines des différentes religions sur la vie après la mort, et

l'on y retrouve un très grand nombre d'images mythiques », spécifie Marie-Louise von Franz[1].

Il arrive par ailleurs que les rêves en fin de vie mettent en scène des éléments naturels, comme si en mourant il était question de s'unir à l'âme du tout, l'*animus mundi*. Tel un retour à la Nature. Marie-Louise von Franz évoque ainsi un homme d'une quarantaine d'années venu la consulter, après que son médecin lui eut révélé qu'il était atteint d'un cancer de la moelle, avec de nombreuses métastases. Il n'arrivait pas à accepter la vérité et, la nuit suivant le diagnostic, il avait vu en rêve un vaste champ de blé : *« Le champ de blé était loin d'être mûr et n'avait poussé qu'à mi-hauteur. Un troupeau de bovins y était entré et l'avait saccagé. Une voix lointaine s'était élevée pour dire : "Tout paraît anéanti, mais tout repoussera, les racines sont sous terre et d'elles poussera le nouveau blé…" »* Ce rêve, sembla-t-il à Marie-Louise von Franz, pouvait indiquer que, d'une certaine façon, la vie continuait après la mort. Une hypothèse que son patient refusa, cependant… et il mourut peu de temps après, sans être en paix avec son destin.

On retrouve également le thème du passage dans de nombreux rêves proches de la mort, à l'image de cet homme qui fit un rêve où il voit un carré noir au milieu d'un tableau ; image qu'il assimile à une sorte de lit-coffre du Moyen Âge. *« Il en sort des éclairs rouges. Ces éclairs font apparaître un ciel pastel, jaune et bleu surtout, et en haut, à droite du tableau, un soleil rayonnant »*,

1. *Ibid.*, p. 261.

témoigna-t-il[1]. En fait, l'expérience des rêves offre rarement une image lumineuse de l'au-delà, et les scènes que l'on voit en rêve sont souvent angoissantes.

À l'image de l'enseignement du bouddhisme tibétain, la psychanalyse pointe le fait que ce qui semble décisif, c'est le degré de maturité d'un être humain avant sa mort. Sous-entendant l'importance d'effectuer un travail d'éveil de conscience de son vivant, passant, entre autres, par le développement de la lucidité du rêve et son interprétation.

Si l'angoisse peut être tangible dans certains songes précédant la mort, il arrive également que l'on assiste à un retournement très réconfortant. Ainsi, une femme au crépuscule de sa vie a-t-elle vu, en rêve, une bougie allumée qui brûle sur le rebord intérieur de sa fenêtre d'hôpital quand, subitement, elle s'aperçoit que cette bougie va s'éteindre. À la perspective des ténèbres qui s'approchent d'elle, elle s'angoisse. Soudain, la bougie se rallume, mais de l'autre côté de la fenêtre, et la rêveuse s'éveille... Après ce rêve hautement symbolique, *« elle mourut le soir même, dans une grande quiétude »*, observe Marie-Louise von Franz[2].

Le thème du voyage constitue, d'après l'expérience des psychanalystes, le symbole le plus couramment rencontré pour annoncer la mort. Une femme à quelques jours du trépas a fait le rêve suivant : *« J'ai deux valises prêtes, l'une remplie de mes vêtements de travail, et l'autre, où se trouvent mes bijoux, mon journal intime, mes photos. L'une est pour la terre ferme, l'autre pour l'Amérique. »* D'après

1. *Ibid.*, p. 116.
2. *Ibid.*, p. 121.

Marie-Louise von Franz, là où va cette rêveuse, en direction du soleil couchant (symbolique de la mort), elle pourra bien sûr emporter ses trésors intimes, personnels, auxquels elle est attachée, mais non ses « vêtements de travail ». Autrement dit, elle emmènera son essentiel et se délestera du superficiel.

Notons également que dans les rêves le rôle de la personne qui vient « chercher » le mourant est tenu le plus souvent par un parent ou un proche déjà décédé, perçu comme un « passeur » averti vers l'autre Rive.

Carl Gustav Jung a ainsi évoqué le rêve d'un homme très âgé, qui lui avait écrit pour partager un songe-clé. À la dernière scène du rêve, cet homme se retrouve dans un bâtiment où il rencontre ses parents et son beau-père, qui l'accueillent et l'embrassent. Mais il lui faut continuer, et son chemin le conduit au bord même de l'abîme. Une voix lui ordonne alors de sauter dans le vide. Il se défend désespérément, mais finit par obéir. À sa grande surprise, il ne sombre pas dans les profondeurs, mais flotte comme un bienheureux dans l'azur de l'Éternité… Jung lui expliqua que son rêve le préparait à mourir en lui rappelant que, selon la tradition hindoue, les morts se fondent dans l'*âtman*, l'infini du cosmos, *« là où il n'y a plus de solitude, et où ne règne que la totalité et une plénitude qui sans cesse s'étend et se dépasse*[1] *»*.

Tous ces rêves ne représenteraient au final qu'un stade préparatoire… Ce n'est que le début de la libération des liens charnels, des aspirations et des désirs du moi,

1. C.G. Jung, *Correspondance*, Albin Michel, 1994, p. 213-214, lettre du 25 janvier 1954.

de *« tout un monde rétréci où notre conscience liée au cerveau nous a tenus prisonniers pendant notre vie »*, conclut Marie-Louise von Franz.

De l'importance de transmuer son état de conscience par le travail du rêve et l'éveil de la lucidité – au cœur du songe, mais aussi dans tous les états de conscience traversés lors de toute destinée.

Éveiller le rêve

Dans les rêves commencent les responsabilités.

William Butler Yeats

Ramener le rêve à la vie

Au fil des chapitres, nous avons vu de quelle étoffe sont tissés les rêves… Ce qu'ils cherchent à nous dire dans les entrelacs de leur scénario surprenant et leurs détails foisonnants… Nous avons appris à nous mettre subtilement à leur écoute… Nous avons aussi exploré tous ces rêves extraordinaires – lucides, prophétiques, télépathiques, thérapeutiques – prompts à nous transformer…

Il nous reste à les éveiller, afin de ne pas fermer la porte à leur fascinante lumière, pour paraphraser l'antique conseil de Clément d'Alexandrie !

Apprendre, donc, l'art d'ensemencer le réel et notre vie quotidienne des graines (fertiles) du rêve.

Qu'il s'agisse de l'invoquer, de le conscientiser, voire de le modifier ou de le revisiter, il existe un véritable « travail du rêve » pour nous accompagner dans cette quête. Car rappelons que le souvenir des rêves s'efface très vite, à l'image de la « corde de sable » évoquée poétiquement par Jorge Luis Borges… Ce travail polymorphe, qui existe depuis la nuit des temps et le fameux processus d'incubation, peut être inspiré, de nos jours, par l'approche psychologique (notamment les psychothérapies transpersonnelles), mais aussi par diverses voies traditionnelles et spirituelles telles que le chamanisme ou le bouddhisme. Et peut revêtir différentes formes (« noctal » ou journal onirique, rêve éveillé, yoga du rêve, etc.), ainsi que nous le verrons plus loin.

« Les Pratiques de la Nuit » sont à la fois un devoir de mémoire et une mission d'avenir ! *« Vous voulez être responsable de tout ! Sauf de vos rêves ! Quelle lamentable faiblesse, quelle absence de courage logique ! Rien ne vous est plus propre que vos rêves ! Rien n'est davantage votre œuvre »*, vitupérait ainsi Nietzsche.

À chaque jour suffit donc son rêve… *« Plus on les travaille, plus ils vous apportent »*, remarque Monique Tiberghien, qui enseigne précisément ce travail en conscience du rêve[1]. Tel un muscle qui se tonifie avec l'entraînement, la mémoire du rêve augmente avec l'habitude de se le remémorer (de le noter, de l'évoquer en thérapie, etc.). C'est une pratique quotidienne, que l'on peut utilement accompagner d'un entraînement diurne. En pratiquant, par exemple, régulièrement la

1. En entretien.

méditation, on devient plus présent. Or, plus de présence la journée distille plus de présence la nuit.

« Conscience de jour et de nuit se fécondent l'une l'autre pour nous faire renaître à l'immensité de notre présent. Pour déclencher une vie onirique féconde, la première démarche est de se préparer de jour à la perception de nos différents corps – physique et subtils – par des exercices d'attention et de relaxation. Quand nos rêves sont plus clairs et mémorisés, les enseignements cachés de la nuit peuvent imprégner notre conscience de la journée et dénouer les liens et croyances qui nous emprisonnent », poursuit Monique Tiberghien. Dans l'approche que Monique Tiberghien pratique, elle invite, entre autres étapes-clés, à spiritualiser la vie : *« Il s'agit, ainsi, de donner un nouveau souffle à notre corps, nos relations, nos actions par la méditation diurne et l'accès au rêve nocturne de clarté ou rêve lucide, ouvrant ainsi la porte de la Source très subtile qui inspire notre créativité. »*

Le travail du rêve, quelles que soient son orientation et sa filiation, est un travail de vérité, à même de déjouer nos stratagèmes diurnes, imprégnés de nos inhibitions, de nos peurs, de nos compromissions, de nos loyautés conscientes et inconscientes (familiales, relationnelles, transgénérationnelles) et de nos conditionnements… Travailler et éveiller le rêve s'érige en un acte de résistance dans nos existences calibrées !

« Nos rêves nous veillent… Le rêve est pure intelligence. La condition humaine nous invite à l'hospitalité envers ce nouveau rapport au monde qui vient dans le sommeil à notre rencontre. Notre tâche serait de reconnaître qu'il n'est pas seulement le chiffre secret de notre désir mais, qu'en intelligence avec le réel, il instruit notre être dans la nuit de notre sensibilité »,

suggère Anne Dufourmantelle[1]. Et de préciser, lors de notre entretien en tête à tête : « C'est très exigeant de vivre à la hauteur de ses rêves ! Et ce mot n'est pas à prendre dans le sens d'illusion, mais d'un rendez-vous. Le rêve ne propose par un monde faux, mais un horizon. Un horizon exigeant, donc. C'est pour cela qu'il est intéressant d'aller y voir et d'accueillir le rêve ! »

Voici donc quelques pistes et pratiques pour « activer » le rêve. Et le vivre comme une *extraordinaire* aventure vers la liberté. La liberté d'être. N'est-ce pas la quête de toute vie humaine ?!

Convier le rêve

Pour éveiller le rêve, il n'est pas inutile de commencer par l'inviter… et, pourquoi pas, l'orienter. Si on veut qu'elle porte conseil, la nuit se prépare de préférence par un moment de calme et d'intériorisation. En s'inspirant des antiques techniques d'induction, on peut aussi *demander* à ses rêves : de se souvenir, de répondre à une problématique spécifique, d'inspirer des pistes concrètes et créatives sur un sujet précis…

Une idée est d'écrire dans son journal de rêve (voir p. 164) la demande ou l'orientation souhaitée, en la résumant par une phrase ou un postulat simple. Plus la demande sera précise, plus il y a de chances que la réponse onirique soit limpide. Cela nous rappelle que, pendant près de mille ans, les rêveurs ont invoqué Esculape, dieu de la médecine, pour recevoir des songes favorables…

1. Anne Dufourmantelle, *Intelligence du rêve*, *op. cit.*, p. 11.

Pour inspirer ses rêves, on peut aussi utilement tester la technique… du verre d'eau ! Si une problématique ou un choix vous tarabustent, l'approche de l'autohypnose suggère, en effet, de prendre un verre d'eau près de son lit. De boire la moitié avant de s'endormir, en se disant : *« Tout ce que j'ai à faire pour trouver la solution au problème ou la direction à suivre, c'est de boire cette eau. »* La résolution est laissée à la mémoire de l'eau (dont on a découvert qu'elle est prodigieuse, depuis les travaux de Masaru Emoto, sur les effets de la pensée et des émotions sur les molécules d'eau). Donc, à « l'univers ». Il se pourrait que la nuit, un rêve symbolique vienne faire un signe… Si tel n'était pas le cas, il est conseillé de boire la seconde moitié du verre d'eau au réveil. Ensuite, garder son attention en alerte… Il semblerait alors qu'un signe (une phrase, un message, un appel téléphonique, etc.) vienne frapper à la porte de la réalité le jour même ou dans les jours qui suivent, selon le phénomène des synchronicités, cher à Carl Gustav Jung. *« L'autohypnose permet de faire éclore dans la réalité extérieure – sous forme de coïncidences, de signes, de symboles – ce que l'on pourrait considérer comme des rêves. En fait, les réponses sont en nous »*, explique Christine Denis, hypnothérapeute et formatrice en autohypnose[1].

1. En entretien.

Journal nocturne

Pour que le rêve (nous) enseigne, il est nécessaire de lui réserver une place privilégiée dans le fil de notre vie et de notre quotidien surchargé. Mais aussi dans les méandres, embouteillés par un trop-plein de pensées, de notre esprit.

Hormis pour les songes les plus marquants, et leur sillage indélébile, nous expérimentons, jour après jour, nuit après nuit, que le rêve est fragile comme une bulle de savon… Or, ces « petits » rêves prompts à s'évaporer au lever, qui semblent d'emblée insignifiants, peuvent, pour certains, prendre place, telles des pièces de puzzle, dans le grand livre de notre destinée.

Ainsi, des détails offrent-ils parfois la surprise de se révéler et de nous réveiller par la suite… Des messages ou des images prennent tout leur sens quand ils percutent des souvenirs qui, tout à coup, se rappellent à notre mémoire, ou lorsque surviennent des événements ultérieurs, éclairants. Il arrive aussi que des fragments de rêve se colorent ou prennent du relief, en écho à d'autres scénarios oniriques qui parsèment nos nuits. Ils deviennent alors des pièces maîtresses dans l'étonnant jeu de construction du « Je ».

Tout comme écrire son journal intime peut nous aider à saisir le sens et la cohérence de notre existence, tenir une chronique régulière de ses rêves est à même d'offrir un pertinent outil de connaissance de soi et d'évolution. Certains se sont ainsi composés, au fil du temps, un véritable « Noctal », comme l'appelle la neurologue Isabelle Arnulf : un journal de nuit des rêves. Cela permet de ne pas couper ce fil si fragile au réveil, et d'éviter de laisser filer, dans la foulée, tous ces subtils détails, riches d'enseignement.

Comme nous l'avons vu plus haut avec la psychanalyste Anne Dufourmantelle, le fait que la robe soit rouge ou que la vaisselle cassée appartienne à ma grand-mère, au creux du rêve, n'est pas anodin. Au contraire, dit-elle, c'est *précisément* ces détails-là qui détiennent le pouvoir de nous éclairer sur le message subliminal, crypté, de nos rêves. Écrire ses rêves, avec autant de précision que possible, peut donc permettre de ramener ces éléments subtils, ces particules élémentaires de notre être, à la conscience.

Vous rêvez peu… du moins, vous vous souvenez rarement de vos rêves ? Et vous pensez donc spontanément : « Ce n'est pas pour moi, cette pratique du journal des rêves ! » Or, que vous soyez un grand rêveur ou un intermittent du rêve, au fil du temps, cette pratique nourrit la vie onirique et tisse peu à peu une vue d'ensemble sur la destinée, avec ses tournants à négocier, ses caps significatifs, ses questionnements lancinants ou encore ses schémas récurrents. Le rêve appelle le rêve ! Ou, pour être plus précis, s'en souvenir devient comme une « gymnastique ». Une hygiène quotidienne de notre capacité onirique. Comme une pompe que l'on amorce. Et le rêve, plutôt que de jouer les évaporés, finit souvent, alors, par s'imprimer avec davantage de facilité, de régularité, de fluidité… et une plus grande richesse de détails.

L'enseignante de rêve et rêve lucide Monique Tiberghien, par ailleurs psychologue et psychothérapeute, a fait de cette pratique son alliée depuis sa plus tendre jeunesse. *« J'ai des cahiers et des cahiers qui consignent mes rêves. Ils sont infiniment précieux pour moi. Quand il m'arrive de les relire, je suis toujours impressionnée par leur force, leur inventivité, leurs messages et la cohérence qu'ils insufflent dans la trame de l'existence »*, confie-t-elle[1].

En pratique, au moment du réveil, mieux vaut ne pas bouger du lit pour ne pas couper ce fil fragile et retranscrire directement *tout* ce qui s'est présenté dans le rêve. Il est donc recommandé d'avoir toujours un carnet à ses côtés.

Comme les plus infimes détails se révéleront d'importance lors de l'analyse du rêve, le vocabulaire, les sensations et émotions chercheront à être le plus précis possible. *« Pour une présence complète à l'image, cultivez les cinq sens : regardez, goûtez, entendez, palpez, sentez le rêve »*, conseille Monique Tiberghien.

La respiration accompagne avantageusement le travail sur le rêve : on peut ainsi écrire les mots sur le temps de l'expiration, à la manière de la trace du calligraphe au calame, afin que cela passe aussi par le corps (ce qui se révèle très efficace pour dissoudre les sensations désagréables après un cauchemar).

Autre suggestion : écrire un petit fragment de rêve et y indiquer tout ce qui nous vient à l'esprit par rapport à cette image-là.

Si l'on désire encore aller plus loin dans cette pratique, une idée est de ramener le rêve à la vie en s'inspirant de la Gestalt-thérapie. En faisant, notamment,

1. En entretien.

« parler » les intervenants du rêve (personnes, animaux, voire même les objets). Si, par exemple, on a écrit dans son récit onirique le mot « chien », on peut l'amener à s'exprimer en se mettant dans sa peau et en laissant aller sa plume, mais aussi en dessinant, en dansant, en travaillant l'argile (etc.), sur ce thème. L'objectif est de mettre des gestes et sensations précises sur chaque image qui s'est présentée en rêve. Ainsi, déployer son potentiel créatif au sein de la vie éveillée. Du rêve à la réalité.

À l'heure des tablettes et autres smartphones, on peut trouver suranné de proposer de noter ses rêves dans un carnet ou un cahier… Il n'en n'est rien !

Outre l'aspect précieux de l'objet (à choisir comme un « grimoire » à son image, avec des critères esthétiques, pratiques, qui nous parlent… et parlent de nous), l'écriture à la main aurait un autre impact que celle sur écran. *« Pour l'heure aucune étude scientifique ne permet de dire si c'est plus impliquant d'écrire sur papier. Mais nous savons, grâce à des recherches indirectes qu'écrire à la main ne mobilise pas les mêmes zones cérébrales que taper sur un clavier. Une grande partie du corps, ainsi que différents niveaux – sensorimoteurs, intellectuels, etc. – y sont engagés. Acte très complexe, le fait décrire stimule bien plus de fonctions cognitives que la seule lecture par exemple. Aussi, tracer des lettres manuellement permet une meilleure mémorisation de ce qui est écrit, mais également du contexte »*, confie Édouard Gentaz, professeur de psychologie du développement à l'université de Genève[1]. Cet engagement polysensoriel s'avère, dans le cas des récits de rêves, très précieux et éclairant !

1. In *Version Femina*, janvier 2015.

Cette « chasse aux papillons » des rêves est d'ailleurs au cœur du processus propre au travail des laboratoires de rêves. Si, au départ, ce recueil par écrit (mais aussi enregistré) des rêves ne retient bien souvent que les songes les plus saillants, au-delà d'une semaine se met en place un processus d'entraînement. Résultat : le taux de souvenir de rêve augmente[1]. À bon entendeur-rêveur…

En outre, ce rendez-vous régulier avec soi-même du « Noctal » permettrait, d'après les thérapeutes, de sortir du flou océanique. De renouer avec la cohérence, la présence et le centrage. En d'autres mots, d'entrer davantage en intimité avec soi, alors que le rythme de vie actuel nous projette souvent « hors de nous ». Comme à la périphérie de nos vies. Tenir un journal des rêves deviendrait ainsi une sorte de pratique régulière de méditation… rêvée !

« La trace d'un rêve n'est pas moins réelle que celle d'un pas », écrivait l'historien Georges Duby… Cheminons, alors, sur les pas de nos rêves pour construire le réel.

Activer le rêve lucide

Nous avons exploré plus haut la nature du rêve lucide, dans une section spécifique… Or, il est possible de développer l'aptitude à rêver consciemment. Comment ? Notamment par la pratique (correcte) de techniques spécifiques[2].

1. Isabelle Arnulf, *Comment rêvons-nous ?*, *op. cit.*, p. 39.
2. Cette section va intimement de pair avec celle sur le « Yoga du rêve » qui dispense également des enseignements et des pratiques pour développer la lucidité au cœur du rêve.

Avec des bénéfices non négligeables ! Le rêve lucide est ainsi souvent décrit comme un champ d'expérimentation, où comprendre et surmonter ses peurs. Le rêve lucide permet d'affronter la source des blocages, peurs et angoisses qui peuvent prendre différentes formes. Accepter de faire face conduit peu à peu à la disparition des cauchemars, ce qui se répercute sur la qualité de vie (comportementale, émotionnelle, relationnelle, etc.) au quotidien.

S'il est (re) connu que le rêve « classique » peut être une source de connaissances, à même de soutenir des apprentissages comme nager ou résoudre un problème logique, on peut y travailler volontairement, *consciemment*, au cours du rêve lucide. Il est, par exemple, possible de s'entraîner en état de rêve lucide. *« J'ai eu en stage quelqu'un qui apprenait un art martial asiatique. Spontanément, il avait commencé à rêver des mouvements qu'il faisait. Il voulait cultiver le rêve lucide de manière à pouvoir s'entraîner en dormant. Il s'est retrouvé en train de bouger au ralenti dans son rêve, bien plus lentement que lorsqu'il décomposait les mouvements à l'état de veille. Il put alors les étudier de manière beaucoup plus précise. Il fut capable de voir ses fautes et la manière de rendre sa pratique plus efficace »*, explique la psychothérapeute Brigitte Holzinger, de l'Institut pour la recherche du rêve et de la conscience[1].

Dans cet apprentissage de nouveaux comportements, apparenté à une reprogrammation du psychisme, Stephen LaBerge cite, lui, le cas du golfeur émérite Jack William Nicklaus qui a résolu un problème de « swing » en rêve lucide !

1. *Inexploré*, n° 10, *op. cit.*, p. 47.

Après avoir détaillé les bienfaits de la lucidité onirique, passons à la pratique. Nous l'avons vu, les rêves lucides peuvent se produire spontanément, mais cela reste rare. Il existe donc des techniques d'apprentissage, diverses et variées, pour favoriser leur déclenchement.

Si le fantasque marquis Léon d'Hervey de Saint-Denys était capable, à l'en croire, de provoquer des rêves lucides immédiatement après son endormissement, en règle générale ils sont rapportés plus tardivement, dans les phases de sommeil paradoxal. Avec un préalable de taille, souligné par le spécialiste du rêve lucide, fondateur du Lucidity Institute, Stephen LaBerge : *« Faire un rêve lucide n'a pas besoin d'être le projet le plus important de votre vie pour réussir à en induire un. Mais c'est quelque chose que vous devez vraiment vouloir, et aussi, plus important, vous attendre à voir se produire*[1]. » Il y a, de toute évidence, des phénomènes qui titillent la curiosité et que l'on appelle de ses vœux… puis, face aux émotions qu'ils déclenchent, ceux-ci peuvent nous effrayer, voire nous faire battre en retraite ! Cela peut en effet s'avérer impressionnant (j'en témoigne) de « s'éveiller » au creux du sommeil de rêve, de prendre conscience que l'on est en train de rêver… même si c'est très souvent exaltant !

Notez que Stephen LaBerge corrèle l'apprentissage du rêve lucide à la capacité à se souvenir de ses rêves… que l'on peut aussi développer (vous trouverez plusieurs pistes dans cette dernière partie de l'ouvrage, comme l'idée de tenir un journal des rêves).

1. Stephen LaBerge, *S'éveiller en rêvant. Introduction au rêve lucide*, *op. cit.*, p. 42.

Cette remémoration onirique fait partie intégrante de la méthode MILD *(Mnemonic Induction of Lucid Dreams)*, considérée par Stephen LaBerge comme *« la méthode la plus efficace pour l'induction des rêves lucides »*. En gros, cette technique est basée sur la faculté de se souvenir de faire quelque chose dans le futur (en l'occurrence, prendre conscience que l'on est en train de rêver). Concrètement, il peut être utile, notamment, de formuler explicitement cette intention : *« La prochaine fois que je rêverai, je veux me souvenir de reconnaître que je suis en train de rêver. »* Et y croire, bien sûr !

La procédure pratique recommandée par Stephen LaBerge tient en quatre étapes :

– dans la première étape, il s'agit de se mettre dans de bonnes conditions pour bien se souvenir de ses rêves. Au moment de l'endormissement, programmer l'esprit pour se souvenir de ses rêves et se réveiller à la fin de chacun d'entre eux. Au réveil d'un rêve, l'idée est de se le remémorer le plus complètement possible ;

– lors de la deuxième étape, l'objectif est de focaliser son intention. Au moment de se rendormir, se concentrer exclusivement sur cette intention de se souvenir que l'on est en train de rêver. Se dire : « La prochaine fois que je rêverai, je me souviendrai que je suis en train de rêver. » Et se le répéter, avec ferveur, comme un mantra. Si une autre pensée parasite cette intention (la liste des courses au supermarché, le travail du lendemain…), lâcher prise et revenir fermement à l'intention ;

– au cours de la troisième étape, le but est de se regarder devenir lucide. Alors que l'on continue à se focaliser sur l'intention de se souvenir de prendre conscience que l'on est en train de rêver, il s'agit de s'imaginer que l'on est de retour dans le rêve que l'on vient de faire. Et d'imaginer, cette fois-ci, que l'on prend conscience d'être en train de rêver. Identifier alors un indice onirique (un détail typique d'un rêve, comme marcher sur l'eau, voler, trouver de l'argent dans la rue, rencontrer des gens célèbres…), et lorsqu'on le voit, se dire : « Je rêve ! », et poursuivre la visualisation. S'imaginer en train d'accomplir des tâches que l'on aura décidées à l'avance pour son prochain rêve lucide. Par exemple, si vous voulez voler dans votre rêve lucide, imaginez que vous volez ;

– enfin, ultime étape… recommencer jusqu'à ce que l'intention soit clairement établie. Répéter les étapes 2 et 3, jusqu'à ce que l'on tombe de sommeil ou jusqu'à ce que l'on soit certain que l'intention est bien en place. En s'endormant, si l'on se surprend à penser à autre chose, répéter la procédure de telle sorte que la dernière chose qui (vous) traverse l'esprit avant l'endormissement soit cette intention de se souvenir de prendre conscience d'être en train de rêver lors du prochain rêve.

« Si tout se passe bien, en peu de temps, vous vous retrouverez lucide dans un autre rêve – qui ne ressemblera pas forcément à celui que vous vous êtes remémoré lors de votre réveil », précise Stephen LaBerge[1].

Autre technique phare, la méthode DILD *(Dream Initiated Lucid Dreams)*. Parmi les pratiques conseillées, il y a le fait de s'entraîner à repérer ces fameux indices oniriques (des détails typiques d'un rêve, comme voler – déjà évoqués ci-dessus). Ces derniers vous serviront de signaux pour vous faire prendre conscience que vous

1. *Ibid.*, p. 52-53.

rêvez. Afin de faciliter cette prise de conscience, le Lucidity Institute, fondé par Stephen LaBerge, commercialise des masques détectant les mouvements oculaires typiques du sommeil paradoxal et envoie alors des signaux lumineux. Ceux-ci sont intégrés au rêve, et servent d'indices. Pour la petite histoire, l'un des masques fut testé et approuvé par le dalaï-lama en 1997 (rompu, par les enseignements bouddhistes, à la « pratique de la nuit » dont fait partie l'éveil au rêve lucide)…

Cela nous mène à une troisième technique d'induction de la lucidité onirique, dénommée WILD *(Wake Initiated Lucid Dreams)*. L'enjeu, ici, est de s'endormir consciemment. Les rêves lucides seront, en effet, amorcés à partir de l'état de veille, cette fois. En pratique, lorsqu'on se réveille après un rêve, laisser le corps se rendormir aussitôt mais tâcher de rester conscient, par exemple en se répétant toujours la même phrase (il s'agit de maintenir la focalisation de l'attention). Avec un peu de chance, vous retournerez alors dans votre rêve, où vous pourrez exercer votre maîtrise. Il existe de nombreuses variantes de cette technique. *« Dans son essence, l'idée est de laisser votre corps s'endormir tandis que vous gardez votre esprit éveillé »*, souligne Stephen LaBerge.

Le lama tibétain Tarthang Tulku, qui enseignait à Berkeley, décrit une méthode simple et efficace : après s'être relaxé très profondément juste avant de s'endormir, visualiser une magnifique fleur de lotus dans la gorge. Au centre de ce lotus se trouve une flamme rouge orangé. Placer en douceur son attention sur cette lumière tandis que l'on s'endort… (Vous dormez ?).

Pour compléter notre tour d'horizon pratique des techniques permettant d'activer le rêve lucide, épinglons aussi la méthode privilégiée par le psychologue allemand Paul Tholey, qui l'a testée sur de nombreux volontaires, avec succès. Il s'agit de l'attitude dite « réflexivo-critique ». Pour faire simple, elle consiste à se demander régulièrement : « Suis-je en train de rêver ou non ? » Avec l'habitude, on finit par se poser aussi la question en rêvant – une réponse positive déclenchant alors illico la lucidité !

Parmi les conseils « classiques » pour développer l'aptitude à rêver consciemment, on retrouve également en vrac l'importance de prêter attention à ses rêves, de les noter, ou encore de se réveiller un peu plus tôt que d'habitude, de s'activer pendant une demi-heure, puis de se recoucher, etc.

Autre astuce : si l'on se sent devenir lucide mais que le rêve se désagrège, il est recommandé de faire tourner son « corps de rêve » sur lui-même pour stabiliser l'environnement.

Au sein des techniques ingénieuses pour « donner vie » aux rêves lucides, la parole est aussi aux rêveurs, qui peuvent développer leur propre méthodologie… et pour cela, la valeur n'attend pas le nombre des années !

Ainsi, à 14 ans, Charles arrive-t-il à faire des rêves lucides, « simplement » en programmant son rêve avant de s'endormir. Son témoignage ébouriffant peut inspirer nos nuits et éveiller notre lucidité onirique : *« Un soir, j'ai regardé* Into the Wild [le film de Sean Penn, NDLR]. *C'est l'histoire d'un jeune homme qui fuit le monde matériel et qui souhaite vivre seul, dans la nature. En m'endormant, j'avais décidé de revivre l'histoire à ma manière. Je voulais voyager au milieu de la forêt de l'Alaska, de ses ours et de ses plantes. Mais pas question que ce soit aussi difficile que pour le héros, je n'avais pas envie de mourir. J'ai planté mon décor, la forêt, les arbres, la rivière, les plantes et je me suis endormi. Le plus dur est de continuer à planter le décor jusqu'au bout, jusqu'à s'endormir. C'est la seule façon d'arriver à maîtriser le rêve. Décider ce que je vais rêver, j'y arrive très souvent à condition de ne pas penser à autre chose. De ne pas me laisser envahir par des événements de la journée. Je garde les yeux grands ouverts, dans la pénombre de ma chambre, et j'imagine le décor. Pour* Into the Wild, *ça a super bien marché ! Je vivais au cœur de la forêt mais à l'inverse du héros, je me suis imaginé une copine et comme je ne voulais pas tuer d'animaux, il y avait des plateaux-repas qui arrivaient tout seuls. Du coup, les animaux étaient des copains. Lorsque je pense à quelque chose et que ce quelque chose apparaît aussitôt, je sais instantanément que je suis en train de rêver. Mais si je pense à des trucs et qu'ils n'arrivent pas, cela veut dire que c'est un rêve qui s'est fait tout seul, sans moi. L'histoire était déjà écrite avant que je la rêve, je ne peux pas la modifier. Et je ne sais pas que je rêve. Alors que dès que c'est un rêve que j'ai programmé en m'endormant, j'arrive à maîtriser les choses. Je me sens plus fort, rien ne peut m'arriver. C'est comme si j'étais Dieu. Dans ces rêves spéciaux, les nuages n'ont pas la même forme ni la même couleur. Ils sont irisés comme des taches de pétrole. Il m'arrive des choses sur plusieurs jours, parfois j'ai l'impression de vivre une semaine. Dans ces rêves-là, tout se finit bien. Toujours. Je me réveille souvent avec un grand sourire tellement je suis content d'avoir fait un rêve pareil.*

Mais il y a des fois, je fais des rêves que je n'ai pas du tout prévus. J'ai rien fait pour y penser et je me mets à souhaiter que quelque chose arrive. Et ça arrive. Alors, je comprends à nouveau que je rêve, j'en ai conscience. C'est à ce moment-là que je contrôle tout, comme si j'avais lancé le rêve au début. Les gens et les animaux agissent en fonction de ce que je fais. C'est le paradis, un peu comme si j'étais déjà mort. Des fois, dans le rêve, il y a des gens qui meurent. En général, c'est quand je décide de faire apparaître des trucs trop gros. Du genre building ou de grosses constructions. Et hop, juste en dessous, il y a un homme qui se fait écraser par l'immeuble. À ce moment, je me dis : "Ça faut plus que je le fasse apparaître parce que ça fait du mal aux gens." J'enlève le bâtiment, je soulève la personne, même de loin, avec deux doigts (il suffit que je la voie). Dès que ses pieds touchent le sol, elle remarche comme avant. Je peux le faire à distance. Je ne la connaissais pas, elle ne me connaissait pas, elle ne me parle même pas. Elle remarche et puis c'est tout. En général, je me réveille parce que je me dis au bout d'un moment : "Allez, c'est bon, faut pas trop que j'en profite[1]." »

Et la maman de Charles de s'enthousiasmer face aux extraordinaires capacités oniriques de son fils : « *Programmer ses rêves, n'est-ce pas commencer à décider de sa vie ?* »

Ce qui est troublant, dans le témoignage du jeune Charles, c'est de voir qu'il confirme et valide spontanément (il n'a, bien sûr, jamais suivi d'entraînement au rêve lucide) toute une série de constatations et de conseils « techniques » donnés par les chercheurs et spécialistes en rêve lucide. Citons, en vrac et non exhaustivement, les couleurs irisées des nuages aux formes étranges, la nécessité de « planter le décor » jusqu'au moment de s'endormir sans se laisser divertir par des pensées parasites du quotidien, la possibilité de transformer des éléments du rêve, etc. Et l'on pourrait ajouter l'empathie

1. *Inexploré*, n° 10, *op. cit.*, p. 48.

qu'il expérimente en conscience au creux de son rêve lucide (il ne veut pas tuer d'animaux… et agit sur son rêve quand des personnages sont victimes de ses « créations »). Or, d'après les sagesses traditionnelles, l'état de rêve lucide semble être propice à certaines pratiques spirituelles, et l'on peut y cultiver la compassion ou le discernement. La compassion ressentie au cours du rêve est authentique, selon les pratiques bouddhistes. Charles en a fait l'expérience de manière spontanée, candide… mais très profonde et réaliste !

Chacun peut donc élaborer son mode d'emploi pour « dérouler » le fil du rêve lucide… et revenir. Il est possible, en effet, de (se) créer des aides personnalisées. Monique Tiberghien, elle, utilise par exemple, au creux de ses rêves lucides, l'image de deux animaux à cornes (des moutons… ou plutôt des béliers) pour la tracter et la faire revenir du rêve lucide. Tout simplement parce que ce symbole lui parle, de manière intime : ce motif immémorial, primitif, la reconnecte à quelque chose de très archaïque. *« Tel un animal de pouvoir amérindien, voire un symbole christique »*, confie-t-elle[1].

Quoi qu'il en soit, plus largement, pour faire l'expérience du rêve lucide et entrer dans les états de conscience accrue qu'il induit, il est essentiel d'OSER abandonner notre rationalisme occidental, axé autour du paradigme que nous sommes là, tout entier, dans notre corps physique… Cette vision qui prévaut encore sépare dramatiquement le corps et l'esprit, mais aussi nos différentes dimensions et, au-delà de ça, nous coupe du lien intrinsèque à la Nature. *« L'erreur vient du fait qu'en*

1. En entretien.

tant qu'humains, nous pensons qu'il y a la nature et nous. Non, nous sommes "nature" », proclame le chantre de l'agroécologie, Pierre Rabhi[1]. Le rêve, *a fortiori* lucide, nous connecte à toutes ces dimensions, qui vont du Soi à l'Univers.

« Le corps que l'on a en rêve est beaucoup plus vaste, plus ample, que le seul corps physique. Il est essentiel d'en prendre conscience et d'aller à sa découverte, pour pratiquer la lucidité en rêve. Le rêve, tout comme la méditation, sont des outils fantastiques pour nous libérer de la toute-puissance autocratique de la rationalité, qui nous asservit et nous insuffle une perception "séparée", où nous nous sentons coupés du monde… avec les dégâts que l'on sait », fait remarquer Monique Tiberghien.

Elle insiste sur le fait que les peuples traditionnels, furieusement en danger de nos jours, ne connaissent pas cette coupure et perçoivent intuitivement cette interconnexion avec le tout – or, bien souvent, ils sont familiers du rêve lucide qui nous fait toucher de l'être la reliance et l'infini des possibles. *« Prenez les Tibétains : ils avaient compris, bien avant la théorie quantique, cette cohérence et cette interdépendance ! »*

En préambule de cet apprentissage du rêve conscient, il convient donc d'accepter qu'il existe bel et bien un « corps énergie ». L'enjeu est d'apprendre, peu à peu, à apprivoiser et ressentir ce corps subtil.

Grâce au développement, en Occident, d'approches telles que le yoga, le taï-chi-chuan ou encore la bioénergie, nous avons conscience que cela existe… et ces voies peuvent nous accompagner pour appréhender cet aspect énergétique. Subtil.

1. En entretien.

« Pour arriver au rêve lucide, la première étape est d'entrer dans ce corps-énergie complet », remarque Monique Tiberghien, à la lumière de sa propre expérience et de l'enseignement qu'elle transmet. Elle illustre ce point-clé en prenant l'image d'une maison à cinq fenêtres (soit nos cinq sens) ; habituellement, nous regardons par une seule « fenêtre » (la vue, par exemple). Ce qui nous donne une vision tronquée, atrophiée, de la réalité. *« Le rêve lucide nous permet de regarder par les cinq fenêtres à la fois »*, s'enthousiasme-t-elle.

Monique Tiberghien précise toutefois qu'il peut être difficile, dans un premier temps, d'appréhender ce « corps de rêve »... et (nous) conseille, entre autres, d'exercer d'abord la lucidité sur des objets. Elle a ainsi suivi un enseignement sur ce thème avec le lama tibétain Tarab Tulku. *« Nous avons travaillé tout un week-end sur l'idée d'un verrou cassé sur une porte ! Tarab Tulku nous a invité à réaliser tout un tas d'exercices pour le réparer, voire le transformer ; d'abord en visualisation en état profond de méditation... avant le bond dans le rêve lucide. Les effets ont été différents selon les rêveurs lucides : certains ont ainsi réussi à changer le métal du verrou. »* Elle reconnaît que cela peut sembler ingrat de travailler de prime abord sur des « objets », car lorsqu'on se met à... rêver de rêves lucides, on pense tout de suite à faire de « grands rêves », extraordinaires, extravagants !

Pour s'exercer peu à peu au rêve lucide, Monique Tiberghien suggère également d'apprendre à « voler », d'abord dans l'état de conscience modifié de la méditation (plus profond, selon elle, que le rêve éveillé – dont nous vous parlons également un peu plus loin). Cela peut éventuellement « se propager » au rêve lucide. En fait, il semble que les rêves lucides comportent fréquemment un épisode de vol. Notez que certaines fois le rêveur est d'abord conscient qu'il vole puis devient soudain lucide ; d'autres fois, il devient lucide et essaie ensuite de voler.

« Une fois que l'on parvient à voler en rêve, il est plus facile de progresser dans le rêve lucide ; on peut aller toucher consciemment le sommet de l'arbre, par exemple. C'est une bonne porte vers la lucidité onirique ! »

Monique Tiberghien raconte ainsi que les moines tibétains accomplissent couramment des rêves de vol… Quand il arrive qu'un lama ne fasse plus de rêve de vol, on lui dit : *« Tes chevaux de vent sont fatigués, ils ne volent plus. »* On l'invite alors à monter en altitude, en pleine montagne, afin qu'il médite des rêves de vol. *« Quand ils reviennent au monastère, les chevaux de vent volent à nouveau »*, partage-t-elle. S'exercer par la méditation profonde semble donc être fructueux pour ensemencer de lucidité ses rêves…

En mettant le pied à l'étrier du rêve lucide, le rêveur ouvre de multiples dimensions – il peut, en effet, se vivre relié : aux différents niveaux de l'être, mais aussi aux autres et à l'Univers (ce qui demande, comme on l'a vu dans le chapitre sur le rêve lucide, d'avoir « un rapport solide à la réalité », *dixit* Stephen LaBerge).

Il est donc possible et opportun, dans le hors temps onirique, de revisiter de manière lucide des problématiques ou drames individuels, afin de guérir des blessures intimes ou de neutraliser des cauchemars récurrents. Selon Stephen LaBerge, on peut ainsi résoudre un conflit intérieur sans interpréter *a posteriori* le rêve, comme dans les approches psychanalytiques, mais au cours du rêve lui-même. Par exemple, en intégrant dans le rêve des aspects de sa personnalité rejetés lors de vécus traumatiques. Des scénarios élaborés sous forme de jeux de rôle peuvent aussi être implantés dans le rêve lucide. Ce qui en fait un outil pertinent d'intégration de soi et de développement personnel.

Au-delà de ça, il peut arriver que le « dormeur-éveillé » rêve de drames collectifs (guerres, cataclysmes...), sur lesquels il est, en quelque sorte, amené à travailler en conscience. *« N'oublions pas que nous sommes interconnectés »*, rappelle Monique Tiberghien !

Le rêve lucide se révèle ainsi dans la pleine dimension de ses bienfaits, comme outil de guérison personnel, transgénérationnel et transpersonnel.

Enfin, je vais vous faire une confidence : depuis l'enfance, régulièrement, je fais des rêves lucides. Ils égrènent leur enseignement et leur magie dans le fil de ma vie. Alors, hasard ou pas, mais depuis que je suis « entrée en rêve » pour les besoins de cet ouvrage, au gré des entretiens, des recherches, des lectures et des techniques explorées, je rêve encore plus qu'avant... avec une lucidité et une créativité renouvelées. Ce qui vient appuyer la possibilité, comme nous l'avons vu dans ce chapitre, de développer cette aptitude à rêver consciemment. Je ne peux qu'en témoigner !

Le yoga du rêve

« Quand l'état de rêve se lève, ne reposez pas dans l'ignorance comme un cadavre. Pénétrez dans la sphère naturelle de l'attention inébranlable. Reconnaissez vos rêves et transformez l'illusion en luminosité. Ne dormez pas comme un animal. Accomplissez la pratique qui mêle le sommeil et la réalité », recommande une prière bouddhiste...

Dans le bouddhisme tibétain, il existe en effet de véritables techniques pour développer la clarté de la conscience durant l'état de rêve, afin de nous libérer de nos blocages psychologiques. C'est ce qu'on appelle la « Pratique de la Nuit ». Cette pratique précieuse met en relief l'importance du rêve et du travail sur le rêve. Elle inclut aussi bien la recherche de rêves lucides que des exercices de relaxation, visualisation et concentration, en vue de développer la vigilance et l'éveil.

Nous ne pouvons que trop vous conseiller de vous reporter aux deux parties consacrées au rêve lucide – dans lesquelles vous trouverez des sources d'inspiration communes avec cette « Pratique de la Nuit », chère au bouddhisme. Le yoga du rêve, plus précisément, est un enseignement complexe qu'il est difficile de résumer en quelques pages et de détacher d'une pratique suivie de la voie bouddhiste. Nous l'avons introduit dans les pages consacrées au rêve lucide. Vous trouverez ici quelques bases pratiques supplémentaires… que vous pourrez utilement compléter en vous reportant à l'excellent opus de Namkhai Norbu Rinpoché (déjà cité à de nombreuses reprises dans cet ouvrage), consacré à ce « yoga du rêve » qu'il transmet, entre autres pratiques du dzogchen[1].

Pour résumer, nous pourrions dire, à l'instar de Monique Tiberghien, que *« l'apothéose du rêve lucide, ce sont les rêves de clarté ou de claire lumière – qui révèlent la nature fondamentale de l'esprit »*. Tel est le but de cette « Pratique de la Nuit », qui fait partie intégrante du travail des lamas bouddhistes. C'est tout un art de l'atten-

1. Namkhai Norbu, *Le Yoga du rêve, op. cit.*

tion portée aux états de conscience, aux perceptions, aux phénomènes manifestés dans ces mondes « intermédiaires » ; entre la conscience ordinaire avec ses dualités et la pure conscience sans dualité. Une pratique qui vise une libération de la conscience et des contingences du corps physique. Si atteindre la claire lumière est l'enjeu à l'issue du bardo de la mort, il faut savoir que l'on peut atteindre cet état-là de son vivant.

« Cependant, même les lamas bouddhistes ne sont pas non-stop dans cette claire lumière, où l'on est libéré des limitations du corps physique, mais sont plus couramment dans la phase antérieure – qui leur permet de se déplacer dans leur corps de rêve pour aller aider, par exemple un disciple qui en aurait besoin », précise Monique Tiberghien.

La clé du yoga des rêves, comme l'enseignait un célèbre lama tibétain, Dudjom Rinpoché, est de s'efforcer de rester conscient jusque dans l'état de sommeil. Jusqu'à se retrouver, ensuite, dans un état de conscience lumineuse au creux du rêve… Pour toucher, en toute lucidité, la lumière naturelle de l'esprit.

Le développement des capacités pour le yoga du rêve est corrélé avec la pratique intensive de la méditation… sorte de « terrain d'entraînement » de la conscience lucide, pourrait-on dire schématiquement.

Michael Katz y partage l'un de ses premiers épisodes de lucidité en rêve, faisant suite à son entraînement intensif à cette pratique yogique de la nuit : *« Cette nuit-là, j'eus la réalisation soudaine que j'étais en même temps endormi et conscient que je rêvais. À l'instant même de la réalisation, les couleurs du paysage de mon rêve devinrent saisissantes de vie et d'intensité. Je me trouvais debout au bord d'une falaise ; à mes pieds s'étendait une vallée vaste et magnifique. Je me sentais à la fois détendu et électrisé et je me rappelai à moi-même que ce n'était qu'un rêve. Ayant brièvement parcouru des yeux le paysage merveilleux, je décidai de faire un pas de plus, au propre et au figuré. Si c'était réellement un rêve, il n'y avait pas de raison pour que je ne puisse pas voler. Je bondis dans l'espace, mais, au lieu de voler, je m'aperçus que le rêve se transformait à nouveau. Ma conscience, toujours lucide, semblait se trouver sur un escalier. Mon corps ne faisait plus partie du rêve mais je montais les marches. J'en avais franchi une et m'apprêtais à franchir la suivante quand le rêve changea de nouveau. Cette fois, il était noir, sans image d'aucune sorte. Je résistai à l'impulsion d'ouvrir les yeux. À dire vrai, je ne savais pas quoi faire mais j'émis le souhait que les images reviennent, je leur enjoignis de revenir et, soudain, je me trouvai à nouveau sur l'escalier. Cette réapparition de l'image de l'escalier ne dura qu'un instant et je m'éveillai*[1]. »

Dans la « Pratique de la Nuit », le développement des rêves lucides n'est pas une fin en soi, comme nous l'avons expliqué plus haut dans la présentation de la lucidité en rêve. Que les rêves lucides et les expériences de clarté soient des événements fascinants qui semblent comporter des conséquences positives pour l'estime de soi, l'intégration de la personnalité et le dépassement de la peur ne fait aucun doute. Mais dans cette optique du yoga du rêve, intégré à la pratique bouddhiste, il est également crucial de les envisager dans le contexte de la quête d'une transformation spirituelle ou de l'éveil, afin de ne pas faire de cette expérience extraordinaire un « gadget » ou un simple amusement.

1. *Ibid.*, p. 16.

Dans la branche Dzogchen, qui est familiarisée depuis des millénaires avec des expériences de rêve lucide et les phénomènes parapsychiques tels que la télépathie et la prémonition, le conseil du maître à l'élève est de ne pas s'attacher à l'expérience.

Malgré ce travers typique de l'Occident de s'attacher *justement* avant tout à l'expérience, des maîtres bouddhistes ont cependant décidé d'enseigner les techniques de travail sur le rêve, puisées aux anciennes traditions, car ces traditions sont maintenant menacées d'extinction.

Aussi, avant de passer à quelques conseils pratiques, ne perdons pas de vue cette possibilité que la conscience des rêves soit une voie d'éveil...

Si l'on se réfère à la pratique yogique de la nuit, on peut classer les rêves grosso modo en deux catégories : le rêve karmique et le rêve de clarté. Selon la vision bouddhiste, en plus des rêves qui reflètent le karma de notre vie actuelle (incluant nos tensions, conflits, etc.), les rêves karmiques peuvent être reliés à nos vies antérieures. *« Par exemple, si, dans une de mes vies passées, j'ai été assassiné, je peux continuer à rêver dans cette vie-ci que l'on m'assassine »*, explique ainsi Namkhai Norbu Rinpoché[1]. L'autre catégorie – recherchée par le biais du yoga du rêve – est celle du rêve de clarté. Tout le monde peut en faire, parce que chacun de nous possède, de tout temps, « un potentiel infini », caractéristique de l'esprit naturel. Il arrive que le rêve de clarté se manifeste hors de toute pratique ou technique particulière. Cependant, si vous *« effectuez la pratique de la nuit, des rêves de clarté se manifesteront non seulement occasionnel-*

1. *Ibid.*, p. 66.

lement mais régulièrement et vous vous familiariserez avec eux », souligne Namkhai Norbu. Dans ces rêves spécifiques peuvent se manifester des conseils et prévisions pour l'avenir.

Sur le plan pratique, il semble que le rêve de clarté affectionne davantage le matin. *« Parce que, quand nous nous endormons, notre sommeil est d'abord très profond. À mesure que, lentement, nous consumons cette lourdeur, notre sommeil devient plus léger et la clarté peut alors se manifester plus aisément »*, explique encore Namkhai Norbu. Au fil de la pratique du yoga du rêve – faisant appel à l'état de contemplation et de présence, source de détente – les rêves karmiques devraient se faire plus discrets dans le fil des nuits, car ils sont avant tout liés à une tension.

Voici, pour compléter, quelques conseils puisés à l'enseignement du yoga du rêve pour éveiller le rêve en conscience… ou plutôt pour éveiller la conscience en rêve.

Si la journée a été tendue ou si l'on se sent agité, il est conseillé, avant de s'endormir, de prendre quelques respirations profondes, afin de se calmer et de régulariser le souffle. Se concentrer ensuite sur une syllabe tibétaine ཨ་ blanche au centre du corps. S'il est trop complexe de visualiser cette syllabe, on peut la remplacer par un A. L'essentiel est que dans votre esprit, cette lettre corresponde au son *Ahhh* et que, quand vous la voyez, vous sachiez à quel son elle se rattache. Si au départ il est difficile de se concentrer ou de visualiser cela, Namkhai Norbu suggère d'écrire cette syllabe tibétaine ou un « A » sur une feuille de papier, de la placer devant soi et de la regarder fixement pendant un moment, puis de fermer les yeux ; cette fameuse syllabe tibétaine ou le « A » apparaîtront immédiatement. De cette façon, on obtient une image plus définie.

Dans la foulée, essayer de se concentrer sur ce ཨ་ blanc ou fixer son attention sur la présence du « A » blanc, et persévérer aussi longtemps que possible.

Namkhai Norbu conseille de s'entraîner afin de ressentir cette présence d'une façon plus précise. Ainsi, imaginer que du A ou du ཨ་ central s'élève un deuxième « A » ou ཨ་ et que du deuxième s'élève un troisième et ainsi de suite, jusqu'à ce que vous voyiez une chaîne de « A » ou ཨ་ montant jusqu'au sommet du crâne. Ensuite, visualiser ces « A » tandis qu'ils redescendent. Vous pouvez répéter cela plusieurs fois si vous ne vous endormez pas immédiatement. Chaque fois que l'on a de la difficulté à sentir la présence du « A », il est utile et important d'effectuer cette chaîne. *« C'est une autre façon de "charger" votre clarté »*, nous apprend Namkhai Norbu.

La clé est de s'efforcer d'avoir tout du long la présence de ce « A » lorsqu'on s'endort. Au départ, il doit être net et précis ; ensuite, on peut se détendre – ce qui ne signifie pas que vous devez le relâcher ou l'abandonner. Il s'agit plutôt de se détendre tout en gardant le sens de sa présence et, de cette manière, s'endormir[1]...

Sans jamais avoir pratiqué, il se peut que cela ne marche pas de suite, mais à force d'entraîner la présence, cette pratique devrait devenir familière.

« La personne qui est capable de s'endormir de cette façon trouvera l'entière présence de l'état de lumière naturelle[2]. S'étant endormie, son sommeil sera accompagné d'une conscience quasi

1. *Ibid.*, p. 68-69.
2. Lire la partie dédiée au rêve lucide, p. 88.

entière. Si elle a cette "présence d'esprit" quand elle pénétrera dans l'état de rêve, il lui sera facile de reconnaître qu'elle rêve. Cela ne se produira peut-être pas tout de suite ; certains ne parviendront que peu à peu à ce résultat », constate Namkhai Norbu. Mais les premiers signes ne devraient pas tarder à se manifester dans l'état de rêve, par exemple via des rêves étranges (à propos de choses inédites, qui n'ont aucun lien avec les traces de vos pensées ou de votre passé, mais plutôt relatives à votre clarté intrinsèque).

Progressivement, il deviendra de plus en plus facile de retrouver l'état de lucidité où l'on reconnaît que l'on rêve. Lucide, vous saurez alors que le rêve est un rêve… qu'il soit tragique ou empli de félicité !

Pour le yoga du rêve, cette conscience au sein du rêve devient un moyen d'évoluer et de briser les chaînes du conditionnement. On peut alors inspirer le thème du rêve, agir dessus ou le reprendre là où on l'a laissé… Bien sûr, de nombreux « réglages » et précisions sont apportés dans l'enseignement du yoga du rêve. Aussi, ne pas hésiter à se reporter au livre de Namkhai Norbu pour approfondir cette « Pratique de la Nuit »…

Une pratique dont le mouvement est double : le travail de conscience diurne (alimenté, par exemple, par la méditation) vient nourrir le foisonnement de notre force créative nocturne, l'apprivoiser sans brimer son sauvage génie. Et *vice versa*, le rêve brillant d'une nouvelle clarté peut inspirer nos journées !

Faire du rêve

En évoquant l'Éveil en rêve, il est indispensable d'évoquer les traditions chamaniques, où l'art de rêver tient du grand… art ! La nuit est ici l'occasion d'un « voyage de l'âme » – ou *voyage chamanique* – et le rêve, le récit de son parcours. Un passage de la réalité ordinaire à l'infinité…

« Le rêve n'est pas expérience seconde, comme dans nos mondes modernes, fait de scories de la veille, assemblage de détritus mentaux non métabolisés ; il est au contraire expérience première, participation active à la destinée du monde », souligne l'ethnopsychiatre Tobie Nathan[1].

Pour les chamanes, l'âme n'est pas une entité monolithique immuable ; elle change, elle évolue, parfois de manière très aventureuse. Et surtout, elle voyage, parce qu'elle est indépendante du corps et qu'elle le quitte régulièrement, notamment à la faveur du sommeil.

De son voyage quotidien dans le monde du rêve, l'âme pourra rapporter des connaissances nouvelles, qui pourront se révéler fondamentales pour la vie éveillée et même pour la vie sociale. Certains « grands rêves » distillent un enseignement spécifique, des informations vitales ou une rencontre avec un esprit, tandis que d'autres avertissent d'un danger à éviter ou d'une situation conflictuelle à dénouer. Il s'agit d'un monde où l'on reconnaît que les maladies, psychologiques ou psychosomatiques, se déclenchent depuis les tréfonds d'un rêve – *« se déclenchent* par *le rêve »*, indique Tobie Nathan.

1. Tobie Nathan, *La Nouvelle Interprétation des rêves, op. cit.*, p. 102.

Lorsqu'un grand rêve contient des informations mettant en danger l'équilibre de la communauté, le chamane – véritable praticien du rêve – peut parvenir à le neutraliser en agissant directement à sa source dans l'autre monde ; l'autre monde se situant en amont de la réalité ordinaire, toute action réalisée dans celui-ci se répercute donc d'office dans la réalité ordinaire visible. *« Cette neutralisation est généralement entreprise le matin au réveil ou, si le rêve a réveillé le chamane durant la nuit, directement dans l'état de semi-inconscience qui s'ensuit. Le chamane fait alors un voyage chamanique dans le but de retourner dans son rêve et de le remodeler – ou de le reprogrammer – vers une issue positive »*, éclaire Laurent Huguelit, praticien chamanique et enseignant pour la Foundation for Shamanic Studies (FSS)[1]. Autrement dit, en apprenant à orienter délibérément le déroulement de leurs rêves, les chamanes mettent en place le pouvoir de modifier profondément leur existence hors rêve… qui est un autre rêve, d'ailleurs !

Cette « intervention » dans cette semi-inconscience qui suit directement le réveil d'un rêve, le fait de replonger dedans, tout comme l'idée de « reprogrammation » rappellent furieusement les techniques propres aux rêves lucides (dont les rêves chamaniques font indéniablement partie) !

Au cœur de cette vision, il apparaît clairement que le rêve n'est en aucune manière une construction imaginaire : *« Il est fondamentalement "expérience réelle", même*

1. *Inexploré*, n° 10, *op. cit.*, p. 36. Laurent Huguelit est coauteur du livre *Le Chamane et le Psy* (avec Olivier Chambon), Mama Éditions, 2010.

s'il s'agit seulement de l'expérience de l'âme. Le monde où circule l'âme existe réellement, ne s'ouvrant aux humains que durant le rêve. La vie éveillée est close, confinée aux périmètres du connu ; le rêve s'élance à travers d'autres espaces, peut-être inconnus, mais concernant tout autant les humains », note Tobie Nathan.

Pour que nous comprenions bien cette approche, il y a une distinction subtile à faire, en préambule, entre le voyage chamanique à proprement parler et le rêve nocturne : si tous deux donnent accès à « l'autre monde », considéré comme la réalité ultime qui sous-tend la réalité visible ordinaire (« l'autre monde » formant la trame de toutes les réalités, y compris celle du rêve), le voyage chamanique est provoqué volontairement par l'intermédiaire de diverses méthodes, les plus répandues étant l'utilisation de rythmes, percussions et chants, ou l'ingestion de plantes psychotropes (peyotl, ayahuasca, jus de tabac), alors que le rêve a lieu spontanément durant le sommeil. *« Mais lorsque le voyage chamanique et le rêve coïncident et fusionnent en un seul et même continuum onirique, les "grands rêves" font leur apparition »*, relève Laurent Huguelit.

Dans ces cultures chamaniques, le rêve s'accompagne d'une intensité de l'expérience qui lui confère une réalité peut-être plus convaincante que celle d'une perception ; *« plus convaincante sans doute aussi parce que les conséquences du rêve sont plus graves que celles des événements de la vie quotidienne »*, précise Tobie Nathan. Leur degré de réalisme est tel qu'à long terme, il arrive que ces rêves se confondent avec des souvenirs de la vie…

Et ils débouchent invariablement sur des actions à accomplir dans la réalité ordinaire. C'est que le rêve est aussi un engagement, une dette, qu'il faudra honorer pour maintenir l'harmonie entre les deux mondes, voire, quelquefois, pour sauvegarder l'équilibre psychique et même la vie du rêveur.

Si les « grands rêves » ont une texture spécifique et un contenu d'une grande richesse, indélébile, ils ont une particularité remarquable : leur force de transmission expérientielle. *« L'une des principales caractéristiques des grands rêves est qu'ils nous font expérimenter un enseignement, et ne se limitent pas à nous le transmettre conceptuellement »*, partage Laurent Huguelit… qui sait de quoi il parle, car son cheminement chamanique est jalonné de quelques rêves phares. Des « grands rêves » comme autant d'enseignements provenant directement de l'autre monde…

En voici un : *« À cette époque-là, je pratiquais déjà le chamanisme au quotidien, mais certaines techniques spécifiques m'échappaient encore, par exemple le recouvrement d'âme, qui consiste à faire un voyage chamanique dans l'autre monde pour aller y rechercher les énergies perdues d'une tierce personne. Cette nuit-là, c'est mon animal de pouvoir qui m'est apparu en rêve, et c'est lui qui m'a montré, étape par étape, comment pratiquer le recouvrement d'âme – à noter que dans le type de chamanisme que je pratique, l'animal de pouvoir est l'esprit allié principal du chamane, et c'est lui qui "gère" en quelque sorte l'acquisition du savoir chamanique. Cet enseignement nocturne fut spectaculaire, parce que je fis un voyage chamanique en prenant mon départ dans le rêve, si bien que les couches de réalité se superposèrent, à l'image de ce que l'on a pu voir récemment dans le film* Inception *de Christopher Nolan. Il a donc fallu que je revienne du voyage chamanique dans le rêve, puis du rêve dans la réalité ordinaire*[1]. »

1. *Ibid.*, p. 39.

Au réveil, Laurent Huguelit ressentit un immense sentiment de gratitude. Ce rêve a fini de le convaincre d'un point essentiel de la pratique chamanique : ce sont les esprits qui enseignent, et lorsqu'ils parviennent à gérer un tel enchevêtrement de réalité, leur enseignement est d'autant plus percutant !

La tonalité spécifique des rêves dans les sociétés chamaniques fait donc que l'on y privilégie l'expérience, au détriment du sens. Le chamane est avant tout un « guide » dans les méandres du monde des rêves, plutôt qu'un spécialiste de l'herméneutique.

« Rêver ne peut être qu'une expérience. Rêver ne signifie pas simplement avoir des rêves ; pas plus que rêvasser ou souhaiter ou imaginer. Par l'acte de rêver, nous pouvons percevoir d'autres mondes, que nous pouvons assurément décrire. Mais nous ne pouvons pas décrire ce qui nous les rend perceptibles. Néanmoins, nous pouvons sentir comment rêver ouvre ces autres royaumes. Rêver semble être une sensation – un processus dans nos corps, une conscience dans nos pensées », transmet ainsi le chamane Don Juan, sorcier indien yaqui du Mexique, à Carlos Castañeda, lorsqu'il lui enseigne cet « Art de rêver[1] ».

Dans les peuplades chamaniques traditionnelles existe une pratique onirique très élaborée. Une véritable science, pourrait-on dire. Rêver fait partie de l'ouverture à la quintessence de l'être, porte vers la créati-

1. Carlos Castañeda, *L'Art de rêver. Les quatre portes de la perception de l'univers*, Éditions du Rocher, 1994, p. 9. La légitimité de l'anthropologue Carlos Castañeda est régulièrement contestée, et l'existence de Don Juan souvent mise en doute… Quand j'ai fait part de ce doute avec Paul Degryse, qui transmet les enseignements du chamanisme toltèque, il a répondu : *« Si c'est imaginaire et que cette initiation n'a pas existé, alors c'est un rêve du futur. Castañeda a rêvé notre futur ; voilà qui est encore plus génial ! »*

vité infinie de l'Univers. Tout un art afin de *« dépasser la condition de l'homme ordinaire qui dort dans sa vie sans même savoir qu'il la rêve… »*

« Pour les chamanes toltèques, l'âme est un potentiel de transformation existentielle entièrement disponible à tout moment pour l'être humain désireux de s'ouvrir à l'inconnu de sa propre nature. Source initiale du corps physique et de sa conscience ordinaire (qu'on appelle le tonal), elle est aussi et surtout l'interface et la porte d'un champ de conscience non ordinaire et illimité (le nagual) où l'homme, par un travail libre et soutenu (dont fait notamment partie le travail sur le rêve), peut pénétrer non seulement pour s'autoguérir physiquement et psychiquement mais au-delà, pour atteindre des niveaux de conscience créative qui feront de lui le magicien de sa vie », souligne Paul Degryse, qui transmet l'enseignement du chamanisme toltèque et est devenu un éclaireur sur la voie de l'élargissement de conscience[1].

Dans le courant actuel où le chamanisme est éminemment « tendance » et où se multiplient les chamanes de pacotille, Paul Degryse met en garde : *« Il s'agit de bien distinguer un chamanisme bon enfant (rattaché à une nostalgie de la vie sauvage et à une compassion pour les peuples chamaniques) – à base de rituels type "sweat lodge" (hutte de sudation), de tambourinades, de chants pseudo-indiens – et un chamanisme plus rigoureux, intérieur, très exigeant qui, lui, n'a rien à voir avec ce chamanisme folklorique. Ce dernier est très loin d'un changement de paradigme, nécessaire pour entrer dans un vrai chamanisme. »*

1. En entretien. Paul Degryse est notamment l'auteur de l'ouvrage *Le Chamanisme toltèque et le Pouvoir de l'âme. Plénitude de soi et autoguérison*, Dervy, 2013.

Le travail sur les rêves fait partie intégrante du cheminement. « *Concrètement, les chamanes apprennent à se réveiller dans leurs rêves pour aller vérifier, valider ce concept majeur que cet univers que nous vivons au jour le jour est un rêve, collectif et individuel à la fois. Dans le chamanisme toltèque, il y a des techniques très précises pour "faire du rêve". Normalement, quand vous rêvez, vous ne contrôlez pas votre rêve, vous le subissez. Imaginez qu'un monstre effrayant fonce sur vous, vous avez une trouille d'enfer : la plupart du temps, vous vous réveillez, en sueur, avec une impression de malaise. Quand vous contrôlez votre rêve, vous vous dites : "Je suis en train de rêver, donc toi le monstre recule." Vous avancez, le monstre se dissout… et vous vous rendez compte que c'est vous qui l'avez créé. Il est sorti de votre imagination. Cela ne se fait pas du jour au lendemain : il y a tout un apprentissage à faire dans ce nouvel état de conscience, élargi, de ce que vous êtes. Rêver n'est pas vivre une illusion, un fantasme, mais créer un événement, une réalité* », relève Paul Degryse.

Si « faire du rêve » nécessite un enseignement approfondi, d'autant plus pour les néophytes que nous sommes par rapport à la culture chamanique, Paul Degryse nous livre cependant quelques techniques pratiques. Celles-ci ne sont pas sans rappeler (vous allez le constater) les conseils propres à l'éveil des rêves lucides.

Paul Degryse insiste, au préalable, sur le fait qu'idéalement cela nécessite un solide nettoyage du tonal ; qui consiste à dépister et éliminer toutes les routines mentales, émotionnelles, corporelles et comportementales, qui nous font du tort et perdre de l'énergie. Sous peine, sinon, de « se perdre »… « *Dans de tels contextes, où l'âme du rêveur s'engage chaque nuit dans un voyage, on doit veiller à ce qu'elle réintègre correctement le corps au réveil. C'est ainsi que l'on craint par-dessus tout qu'elle ne s'égare durant le rêve »*, éclaire l'ethnopsychiatre Tobie Nathan[1].

Pour « faire du rêve », Paul Degryse conseille un « entraînement » préalable. L'enjeu, ici, est de pratiquer une réactivation sensorielle.

En effet, dans notre monde saturé d'informations et de sollicitations, nous sommes souvent déconnectés de la perception subtile de nos sens.

Ainsi Paul Degryse propose-t-il de se concentrer sur nos mains (mais la réactivation sensorielle se fait aussi au niveau de l'odorat, du goût, de la vue, du toucher) et de pratiquer ce que l'on appelle la « contemplation des mains ». Cette technique consiste à regarder tous les jours, dix à douze fois par jour, pendant environ deux mois, le dos de vos mains (partie du corps très innervée).

Lorsque vous estimez que vous êtes fin prêt, à l'issue de ce temps de préparation – qui est donc loin d'être accessoire – au moment de se coucher, l'idée est de regarder une dernière fois ses mains. Ensuite, on éteint la lumière et on cherche à s'endormir. Au bord du sommeil, se dire : « Cette nuit, je vais me réveiller dans mon rêve en voyant mes mains. » Les mains servent en fait d'ancrage, quand on se réveille dans le « nagual », champ de conscience non ordinaire. Attention : si on émet cette intention trop tôt dans l'endormissement, cela devient un souhait, une force que l'on exerce. Plus on s'approche du sommeil, plus on a alors accès à un état

1. Tobie Nathan, *La Nouvelle Interprétation des rêves, op. cit.*, p. 105.

de conscience élargi. Il faut apprendre à apprivoiser le juste moment, ni trop tôt ni trop tard, par rapport à l'endormissement…

Là alors verrez-vous peut-être vos mains et vous saurez que vous êtes en train de rêver… Paul Degryse conseille de rester de bois, de ne manifester aucune émotion (ni peur ni joie), *« sinon vous allez retourner dans votre corps et vous réveiller »*. Arrivé à ce point du rêve, c'est une véritable aventure qui commence… Qui vous offre une infinité de possibles : sortir de la pièce, voyager, apprendre à se déplacer, etc.

« Il y a tout un apprentissage à faire dans ce nouvel état de conscience… Vous n'êtes plus dans votre corps ; vous avez le souvenir de votre corps. C'est une "petite mort" de bien rêver ! En fait, pour les chamanes, l'âme est détachée du corps physique – du tonal (très en lien avec la solidité de la matière). C'est ainsi qu'en rêve chamanique l'âme peut passer des murs… Nous restons reliés au corps physique par un fil d'énergie de conscience, qui permet de retourner dans le corps. C'est là, la différence avec la mort », signale Paul Degryse.

Après ce travail sur les rêves en phase de sommeil, il faut savoir que les traditions chamaniques autour du rêve – et la coutume de se réunir autour du partage de rêve, qui existerait chez certains peuples traditionnels – ont inspiré le développement personnel et le coaching. Ici, on rêve… éveillés ! Lors de l'organisation d'un « forum ouvert » *(Open Space Technology)* – dont la méthodologie spécifique permet de cocréer efficacement un projet, quel qu'il soit et quelle que soit la taille du groupe – on peut judicieusement insérer l'outil du « Cercle de Rêve ». Le concept est simple... et très efficace (j'en témoigne pour l'avoir testé, personnellement, à de nombreuses reprises, dans des types de projets très différents) !

En pratique, une première personne-source pose les bases, les racines, du « rêve » (qui incarne, en mots, les graines du projet à mettre en route et à matérialiser dans le futur : réorganiser une entreprise, monter une association, créer un spectacle, etc.). Cette première personne s'exprime au présent – comme si le rêve était déjà « manifesté » – en disant : « Dans mon rêve, je vois... » Puis, chacun, à tour de rôle, sans jamais couper la parole à celui ou celle qui s'exprime, va apporter son « rêve », sa vision, à l'édifice de ce rêve commun. Chaque intervention est courte et puissante. On peut faire plusieurs fois le tour. De toute façon, à un moment, on sent intuitivement que le rêve est « bouclé ». Durant tout le processus, une personne note ou enregistre ce qui se dit, et il est de coutume de répéter l'ensemble, de façon fluide à l'issue du cercle de rêve. Pour que chaque « rêveur » puisse entendre la cohérence et la pertinence du rêve collectif.

La force de ce dispositif est que le rêve de chacun ensemence celui de l'autre, de l'individuel au collectif, et l'ensemble devient très créatif ! L'énergie de la vision qui a été partagée s'inscrit déjà, quelque part, dans la matière...

Le rêve éveillé

Je songe… au pluriel… pas uniquement dans les bras de la nuit ! Le rêve, nous l'avons largement sondé, est un bel outil d'exploration. D'évolution. Il peut être un partenaire de choix pour accompagner une démarche de thérapie ou de développement personnel. Quels que soient les rêves – nocturnes ou éveillés – ils sont, à quelques caractéristiques près, de la même étoffe : ils permettent d'accéder au langage symbolique de l'inconscient. Par leur nature « libre », sauvage même, ils sont à même de « faire le mur » de nos forteresses intérieures, érigées au gré des aléas et traumas de l'existence. Capables, ainsi, de briser nos blocages, nos inhibitions et conditionnements.

« Le développement de la vie intérieure, y compris les fantasmes et les rêves éveillés font partie des choses les plus constructives que puisse faire un individu en pleine croissance », affirmait le célèbre pédagogue et psychologue Bruno Bettelheim…

Parmi les voies d'évolution et de travail intérieur par le rêve, le rêve éveillé s'avère ainsi être un outil de choix. Nul besoin, en effet, de dormir pour inviter l'inconscient à se manifester !

Tout a commencé par le RED ou rêve éveillé dirigé, une technique créée à partir de 1923 par Robert Desoille… Ce dernier, intéressé par la télépathie et le spiritisme, entreprend d'abord des recherches avec Eugène Caslant[1]. Au cours de ses investigations, Robert

1. Eugène Caslant, *Méthode de développement des facultés supranormales*, Éditions le Temps présent, 2010.

Desoille découvre l'intérêt de l'état de veille pour explorer le psychisme et résoudre des conflits. Il publie les résultats de ses investigations dans un ouvrage phare[1]. Cet ouvrage consacré à la méthode du rêve éveillé ouvre la voie, pour la première fois, à l'imaginaire comme clé pour accéder à l'inconscient. Il précise les choses en 1945, en employant le terme de « rêve éveillé dirigé ». Entre autres avantages, cette technique conduit la personne sur le chemin de la connaissance de soi et du mieux-être psychique de manière plus rapide qu'une psychanalyse classique.

À la différence du rêve nocturne « ordinaire », le rêveur qui pratique le rêve éveillé est conscient : il sait qu'il rêve. Il reçoit en « live » les messages délivrés par son inconscient (ce qui contourne le mécanisme de l'oubli, courant au réveil après un rêve).

Une autre distinction concerne le contenu des images oniriques. Alors que 85 % des rêves nocturnes se rapportent, semble-t-il, à des événements récents, le rêve éveillé se préoccupe, dans la même proportion, de faits remontant à la petite enfance, voire à la naissance et à la gestation[2].

Au fil du temps et des praticiens, cette approche évolue. Le psychothérapeute Georges Romey (par ailleurs auteur du *Dictionnaire de la symbolique des rêves*) explore, d'abord à titre personnel, la puissance du rêve éveillé, avant de le faire évoluer et de développer, il y a une quarantaine d'années, la méthode du « rêve éveillé libre ».

1. Robert Desoille, *Exploration de l'affectivité subconsciente par la méthode du rêve éveillé*, Éd. d'Artrey, 1938.
2. *Inexploré*, n° 10, *op. cit.*, p. 56.

Cette notion de non-directivité dans le rêve apparaît essentielle pour Georges Romey. Il a en effet constaté que le fait d'intervenir pendant le rêve éveillé était non seulement dérangeant pour le patient, mais qu'en plus, cela pouvait briser l'élan spontané nécessaire, présent dans le travail en cours.

Rêver pour renaître... Tel est le titre, plein de promesse et d'espoir, que Georges Romey a donné à l'un de ses ouvrages[1]. Un titre qui prend tout son sens, à la lumière de son expérience – personnelle et d'accompagnement. *« Dès les premières séances de rêve éveillé, j'avais pris une conscience aiguë de la puissance réparatrice de l'image »*, partage-t-il[2].

Ayant connu, dès la jeunesse, la souffrance psychique, Georges Romey découvre le rêve éveillé telle une main tendue pour soulager son désarroi... Une véritable voie de transformation ! Il partage cette rencontre phare sur son chemin d'évolution et de guérison : *« Alors le rêve vint ! Non plus cette rêverie échappatoire dans laquelle je m'étais complu mais le rêve salutaire, le rêve thérapeutique, le rêve éveillé dirigé, puisqu'il faut l'appeler par son nom. L'une des sœurs de ma jeune femme était la collaboratrice de Roger Lenoble, graphologue, conseiller en recrutement et praticien du rêve éveillé dirigé... Combien de séances ai-je réalisées sous la conduite de Roger Lenoble ? Je ne m'en souviens pas. Au moins huit assurément, peut-être douze ? Je n'en ai conservé aucune trace, si ce n'est la mémoire de quelques*

1. Georges Romey, *Rêver pour renaître*, Robert Laffont, 2003.
2. Georges Romey, *Le rêve éveillé libre. Une nouvelle voie thérapeutique*, Dervy, 2010, p. 15.

scènes de renaissance. Je me rappelle particulièrement bien ce rêve (éveillé) où deux serviteurs vêtus comme au Moyen Âge m'apportaient, dans la salle voûtée du château d'un vieux roi, un poisson mort posé sur un très grand plat d'argent. Je pris le poisson et le jetai dans un seau d'eau claire, où il reprit vie. Aussitôt, le seau se transforma en ruisseau dans lequel le poisson s'élança comme un éclair. C'était évidemment mon énergie vitale qui reprenait son essor. Il y eut un autre rêve dans lequel je déterrai l'épée magique, symbole de la combativité juste, dont je jurai de ne jamais me séparer[1]. »

Le changement opéré n'est pas que personnel, il est systémique. En effet, quand un patient accomplit ainsi une (r)évolution psychique rapide, il a la sensation que le monde change autour de lui. D'après Georges Romey et les praticiens en rêve éveillé libre, cela n'a rien d'une illusion ! Ce n'est pas seulement le regard du rêveur éveillé qui a changé. Ceux qui l'entourent ne comprennent pas forcément, dans un premier temps, ces changements rapides de réactions et de comportements. Ils peuvent être surpris, voire dérangés par cette « mue ». Puis, ils assimilent ce nouveau modèle d'attitude et adaptent leur propre comportement. *« C'est donc vraiment le monde qui a changé, par la grâce d'une évolution psychique »*, s'émerveille Georges Romey.

Comme le rêve est à la portée de tous, cette approche est accessible à tout un chacun. *« Une séance se déroule en trois temps : le temps d'accueil, qui peut varier entre dix à quarante-cinq minutes selon la problématique ; ensuite, la personne s'allonge et c'est le temps du rêve. Puis, vient le troisième temps, qui est celui de l'interprétation »*, indique

1. *Ibid.*

Georges Romey. Même si l'imaginaire, au départ, peut être un peu « rouillé », quelques minutes suffisent, en général, pour que les images émergent. Par une relaxation adéquate et une respiration profonde, le rêveur éveillé rentre dans un état de conscience modifié (sans recours à la suggestion ni à l'hypnose) et laisse venir *librement* des images et scénarios venant des profondeurs de l'être. Ces images expriment sa problématique, lui apportant une libération, un apaisement, des réponses, voire des solutions.

Le thérapeute, lui, n'a pas d'autre projet pour le patient que celui de *« l'aider à devenir plus complètement ce qu'il est et s'interdisait d'être »*. Et Georges Romey d'ajouter : *« Nous n'avons aucun moyen de conduire les choses. La séance s'inscrit dans un processus qui est guidé par l'influx nerveux de la personne, étape par étape. Quand la personne s'allonge, il faut qu'elle soit vraiment disposée à lâcher prise et que le thérapeute soit sans attente. À supposer que la personne ait une problématique avec un noyau dur, nous n'avons aucun moyen d'aller travailler dessus. Il faut attendre que l'influx nerveux fasse le travail nécessaire. Au besoin, il peut consacrer huit séances à débroussailler le terrain avant de délivrer la clé. »*

Pour comprendre comment fonctionne le rêve éveillé, il n'est pas inutile de puiser aux sources des neurosciences. Pour faire court et simple, lorsqu'un individu est confronté à un trauma ou un « événement accidentel », les réponses, dans le réseau d'échanges complexes entre neurones, sont altérées, interdisant le passage de l'influx nerveux. C'est ce qui se passe, par exemple, lorsqu'un enfant est confronté à une scène qu'il ne comprend pas. Il stocke et engramme le souvenir, mais n'y a plus accès. En faisant appel au rêve éveillé, il va pouvoir faire resurgir cette mémoire. Les inhibitions, inscrites dans le dispositif neuronal, ne peuvent pas être libérées par la raison. En revanche, l'influx nerveux en a le pouvoir. L'état de conscience modifié induit lors d'une séance de rêve éveillé permet à l'influx nerveux d'agir sur les inhibitions anciennes du rêveur. L'image qui apparaît alors n'est pas *« l'agent de la transformation mais son révélateur »*.

Les scénarios oniriques utilisent de nombreux symboles qui *« permettent de savoir sur quels aspects de la problématique a touché le rêve »*. Les rêves peuvent ainsi faire référence à de grands archétypes, comme la figure du vieux sage. *« La force de l'image symbole résulte du fait qu'elle intervient toujours comme un agent dynamique et qu'elle est une expression instantanée, coïncidant avec un besoin précis de l'évolution*[1]. »

Parmi les symboles puissants, Georges Romey a épinglé les images de « franchissement de seuil » (passage d'une porte, franchissement d'un mur, traversée d'un miroir, etc.). Elles traduisent, selon lui, des états de transformation majeure de la psyché et relèvent du processus d'individuation, cher à Carl Gustav Jung. Lorsque de telles images apparaissent au rêveur, l'inhibition est en train de se lever. C'est l'indice même de l'instant où l'influx nerveux parvient à l'annuler. Si le patient utilise au moins deux images de franchissement de seuil, c'est qu'il va entrer en contact avec *« l'autre côté des choses, cette face cachée du Soi, cette ombre qu'il s'agit de réhabiliter »*.

Après le temps du rêve, vient celui de l'interprétation, utile pour éclairer le chemin et accélérer les prises

1. Georges Romey, *Le Rêve éveillé libre, op. cit.*, p. 239.

de conscience, mais pas forcément obligatoire. Car le travail se fait à l'insu du mental.

Il est même possible de pratiquer le rêve éveillé seul. *« Il suffit de s'isoler, d'utiliser un enregistreur et surtout de parler. Mais il ne faut pas essayer de prévoir ce qui va se passer. »*

La psychothérapie par le rêve éveillé libre, par ses caractéristiques spécifiques, peut s'adapter à diverses problématiques : états dépressifs, symptomatiques corporelles, angoisses, phobies, etc. Sur un plan subtil, cette approche accompagne, de son pouvoir initiatique, l'accroissement du champ de conscience. *« Le libre cheminement de l'imaginaire favorise l'éclosion de potentialités qui n'avaient pas encore atteint la conscience. Sur ce plan, le rêve agit dans le sens d'un élargissement de l'être. Il en découle un développement des aptitudes créatrices et de l'adaptabilité relationnelle »*, précise Georges Romey. Un travail tout en finesse qui agit favorablement sur l'estime de soi et renforce le sentiment d'identité. Une manière d'harmoniser l'être et l'Être. Explorer le rêve éveillé offre, en effet, un cheminement concret dans la quête de sens. *« Rétablir un rapport confiant à l'imprévisible devenir, au Mystère, accroît – ce n'est pas un paradoxe – l'aptitude à gérer de manière satisfaisante les choses de la vie »*, souligne Georges Romey.

Enfin, le rêve éveillé libre s'avère être une très belle technique à même d'accompagner pertinemment, sereinement, la fin de vie. *« Elle conduit la personne, naturellement, à envisager le passage ultime dans une adhésion confiante au devenir. Il ne s'agit pas là d'encourager de fallacieuses espérances mais de permettre la réalisation d'une expérience de la participation à l'âme universelle. »*

Mais le rêve éveillé s'inscrit également dans une démarche plus large, en tant qu'outil complémentaire. C'est ainsi qu'il peut offrir une voie d'approfondissement du rêve nocturne. « *En tant que psychologue, je m'inscris dans une voie à laquelle je tiens : face au rêve, plutôt que de me tourner vers l'interprétation, ce qui m'intéresse davantage, c'est de découvrir vers quoi il tend. Autrement dit, quelle direction indique-t-il à l'état vigile ? Concrètement, plutôt que d'essayer de le décrypter, de le comprendre, je préfère inviter la personne à compléter le scénario onirique par des rêves éveillés* », témoigne Roland Pec, dont le travail s'inscrit à cheval entre la physiologie et la psychologie du rêve[1].

Selon cette approche, ce n'est ni le thérapeute qui va faire une lecture du rêve ni le rêveur qui en tirera une interprétation. Mais ce dernier laissera libre cours à son imaginaire pour poursuivre l'exploration commencée au creux du sommeil de rêve. Dérouler le fil du scénario pour le pousser jusqu'au bout…

Vous pouvez également vous essayer à cette approche, dans le cocon de la maison. En pratique, il s'agit, au réveil, après un rêve, de se faire la réflexion : « Très bien le rêve, il en est là… » Imaginer alors que c'est la grève des scénaristes et que le script du rêve est réalisé jusqu'aux deux tiers… Bonne nouvelle : contrairement à bien des studios de cinéma, vous disposez de moyens illimités sur le plan des décors, des effets spéciaux (etc.) ! L'idée maîtresse est de continuer la narration en toute liberté et de l'amener jusqu'à la fin. « *C'est tout autre chose de donner du sens en voyant où le rêve va aboutir !*

1. En entretien.

Par exemple, je rêve d'un cerf-volant... Ce scénario onirique peut de prime abord m'inspirer positivement, mais si, en rêve éveillé, je monte de plus en plus haut, cela devient inquiétant... C'est très différent », constate Roland Pec.

Cette approche complémentaire, qui fait le lien entre rêve nocturne et rêve éveillé, est particulièrement indiquée pour les cauchemars récurrents ; mieux vaut, dans ce cas précis, être accompagné par un professionnel compétent (voir la section dédiée aux cauchemars, p. 207).

Aller dans cette direction permet d'éviter l'écueil, pour le thérapeute, d'être en position de « toute-puissance » – de celui qui, par le biais de l'interprétation, pourrait « lire » presque de façon magique dans les rêves du patient ! C'est en quelque sorte rendre le pouvoir et l'autonomie à ce dernier. *« Le thérapeute agit alors davantage comme un facilitateur, un maïeuticien* », témoigne Roland Pec.

Dernier aspect, et non des moindres, il faut encore souligner le plaisir éprouvé à découvrir l'infinie richesse et l'intelligence créative de cet imaginaire, à portée de rêve... Un rêve éveillé, bien sûr !

Que faire de nos cauchemars ?

Tout n'est pas que luxe, calme et volupté dans les explorations faites, en rêve, par les voyageurs de la nuit... Il arrive que ces traversées nocturnes soient peuplées de personnages hostiles, de créatures monstrueuses, de cataclysmes et autres scénarios kafkaïens exsudant une sourde angoisse. Du simple cauchemar aux terreurs nocturnes, ces rêves à part, plus vrais que nature, viennent nous alerter, nous décharger d'une tension trop vive ou suivent des chocs post-traumatiques.

« Sur l'horizon azur, j'aperçois un énorme nuage noir, menaçant. Sous cette masse sombre qui s'avance, une pluie diluvienne. Du ciel, tombent alors de la terre, des cailloux et des blocs de glace acérés. Subitement, c'est une météorite gigantesque qui chute. Avant qu'elle ne touche le sol, je sais que c'est la fin du monde, et je me réveille, en sueur », confie Daniel qui, à 63 ans, dit faire régulièrement des cauchemars, depuis l'enfance.

Le monde de la nuit reste un continent méconnu, même si les récits de rêve et les recherches menées dans les laboratoires spécialisés permettent peu à peu de progresser dans la connaissance du sommeil, donc aussi des rêves. *« Nous ne savons pas ressusciter les corps, mais nous commençons à savoir ressusciter les rêves »*, écrivait André Malraux…

Il faut reconnaître que ce qui s'éveille au creux de nos rêves dépasse les capacités de l'imagination en éveil ! Et que dire de nos cauchemars ?!

Face à leurs scénarios… cauchemardesques, certains rêveurs vont jusqu'à crier ou se débattre, contre d'invisibles assaillants, parfois sans même se réveiller. Vu de l'extérieur, cela peut être très impressionnant !

Florence se souvient, ainsi, avoir été réveillée, au cœur de la nuit, par les cris terrifiants de sa meilleure amie, avec qui elle passait des vacances et dont elle partageait la chambre d'hôtel : *« Léa se dresse dans le lit, les yeux révulsés. Elle hurle, vocifère, agite les bras dans tous les sens. Puis elle se met à ricaner, avec une voix horrible que je ne lui connais pas, comme possédée. Malgré ses cris, elle ne se réveille pas. Tétanisée, je ne sais pas comment réagir. Tout à coup, Léa se calme, retombe allongée, sereine à nouveau. Au matin, elle n'a aucun souvenir de son cauchemar ! »*

L'occasion de souligner que le cauchemar de Léa n'est peut-être pas un cauchemar, au sens propre du terme.

Encore mal connus, souvent inexpliqués, plusieurs troubles plus ou moins liés aux rêves assombrissent et gâchent les nuits du dormeur… et plus encore de la personne qui partage son lit ! Il n'est pas inutile de les rappeler, avant d'évoquer les cauchemars en tant que tels, car ces troubles sont souvent confondus avec des cauchemars.

Désignés sous l'appellation « parasomnies », ces troubles sont recensés dans la *Classification internationale des troubles du sommeil*[1] (aux côtés des insomnies, des apnées du sommeil, des hypersomnies et autres troubles du rythme circadien du sommeil…). Épinglons ainsi les fameuses terreurs nocturnes, qui surviennent dans la phase de sommeil lent. Durant celles-ci, le dormeur subit une attaque de panique, criant, voire se débattant les yeux ouverts. Des cas où il s'avère difficile de réveiller le dormeur. Au réveil, ce dernier a tout oublié. D'après les recherches sur le sujet, 15 % des enfants et environ 5 % des adultes en souffriraient (sans doute, est-ce le cas de Léa ?!).

Autre trouble surgissant dans le cycle de sommeil lent, l'ivresse du sommeil (ou éveil confusionnel) se produit à mi-chemin entre la veille et le sommeil. Le dormeur se redresse en sursaut, tient des propos incohérents, puis

1. Classification établie par l'American Academy of Sleep Medicine (Académie américaine de la médecine du sommeil).

oublie tout de l'incident. Un phénomène qui concernerait surtout les enfants de moins de 5 ans, mais aussi 4 % des adultes. Delphine raconte ainsi être régulièrement réveillée par son mari, qui se dresse subitement et, dans un langage confus, se met à parler à haute voix. Plus étonnant, une nuit, son mari s'est mis à parler distinctement une langue imaginaire, en tout cas inconnue, qu'il semblait parfaitement maîtriser, car il s'exprimait dans un flot de paroles d'une grande fluidité, contrairement à ces habituels éveils confusionnels : *« Nous voyageons beaucoup, et nous connaissons à l'oreille de nombreuses langues – nous en parlons d'ailleurs plusieurs, chacun… Mais là, c'était une langue qui ne ressemblait à aucune des langues que nous connaissons »*, s'étonne-t-elle, encore. Bien sûr, au réveil, son mari ne se souvenait de rien !

Impossible, évidemment, de passer sous silence le somnambulisme, dans cette liste de troubles survenant durant le sommeil lent ! Ce phénomène si étrange serait le propre de l'homme… Contrairement à une idée reçue, le somnambule ne vit pas son rêve. Il agirait plutôt suivant des routines et des automatismes, partiellement éveillé. On le retrouvera plus fréquemment devant le frigo qu'en équilibre sur le faîte du toit (fort heureusement)… Comme pour les terreurs nocturnes, un éveil complet s'avère difficile. Au matin, il a tout oublié de ses exploits nocturnes… 15 à 20 % des enfants et adolescents vivent de telles crises occasionnelles, à l'issue d'une phase de sommeil lent. Mieux vaut éviter de réveiller le somnambule et attendre que l'épisode cesse, tout en veillant à sa sécurité. Plus rare chez l'adulte, le phénomène peut se compliquer avec par exemple les cas dits de « sexsomnie » : le somnambule, non conscient, se jette sur son/sa partenaire, avec des intentions… explicites ! Exceptionnel, le syndrome d'Elpénor, lui, désigne un épisode de somnambulisme pouvant mener à une tentative de suicide ou de meurtre.

D'autres troubles surviennent, cette fois, durant le sommeil REM, à l'image du trouble du comportement en sommeil paradoxal, où la personne, immergée dans son rêve, se conduit comme dans la vie normale (illustrant quel enfer seraient nos nuits si nous n'étions pas paralysés en rêvant !). Il est dit que 0,5 % des plus de 50 ans en seraient affectés, en raison de problèmes neurologiques ou d'effets secondaires médicamenteux (dont nous reparlerons, plus bas).

Toujours en lien avec le sommeil paradoxal, le phénomène de paralysie du sommeil peut être très angoissant… *« Plusieurs fois, au matin, j'ai vécu des épisodes terribles ! Je suis certaine pourtant d'être réveillée… mais je ne parviens pas à bouger, je suis collée au lit. Surgissent alors des présences hostiles, visibles ou invisibles : des cambrioleurs, des esprits… Un jour, mon compagnon venait de partir au travail, je me remets au lit. J'ai l'impression de me rendormir légèrement. Quand je vois la porte de la chambre s'ouvrir, et mon compagnon entrer. Il est métamorphosé, sinistre et menaçant. Impossible de bouger ! Je dis alors : "Je sais que ce n'est pas possible, tu as pris le bus." J'ai l'impression que c'est un être malfaisant qui a pris ses traits ! Comme je me sens éveillée lors de ces épisodes, je parviens à réfléchir et dire consciemment que ce n'est qu'un mauvais rêve… et, en général, la vision disparaît. J'ai remarqué que cela survient surtout au petit matin »*, partage Nour, visiblement impressionnée. Coïncidence ou pas ? En tout cas, au Japon, on a coutume de diaboliser les rêves du petit matin, considérés comme des visites impromptues de « Kami » (esprits) malfaisants…

Ce que Nour raconte s'apparente donc à la paralysie du sommeil : selon la description de l'Académie américaine de la médecine du sommeil, le dormeur se réveille à la fin du cycle de sommeil paradoxal, mais son corps reste paralysé. Jouissant de ses facultés intellectuelles, il perçoit son corps comme une masse lourde, avec d'éventuelles difficultés à respirer. L'expérience est d'autant plus angoissante qu'elle peut s'accompagner d'hallucinations : voix, sons et sensations désagréables, impression d'être ligoté, voire saisi par des mains hostiles… Une bonne solution pour en sortir, disent les spécialistes des troubles du sommeil, est de profiter de la mobilité des yeux pour se forcer à les ouvrir, ce qui conduit au réveil complet.

Enfin, épinglons un autre trouble à l'expression pouvant peu ou prou évoquer ce qui est vécu lors de la paralysie du sommeil : les hallucinations. Présentes au cours des quelques minutes de l'endormissement (hypnagogiques) ou du réveil progressif (hypnopompiques) – *« traduisant un problème de transition éveil-endormissement »*, *dixit* le somnologue Roland Pec – elles sont souvent très visuelles, bigarrées, criardes, tantôt anxiogènes, tantôt joyeuses.

Mais venons-en plus spécifiquement aux cauchemars. Qu'est-ce qu'un cauchemar ? *« Le cauchemar est un rêve effrayant, élaboré, qui suscite anxiété et peur, suffisamment désagréable pour réveiller le dormeur. La plupart des cauchemars surviennent en sommeil paradoxal, plus rarement en sommeil lent léger »*, précise Isabelle Arnulf[1]. Pour Roland Pec,

---

1. Isabelle Arnulf, *Comment rêvons-nous ?*, *op. cit.*, p. 53.

le cauchemar peut être conçu comme *« une sorte de rêve qui a démérité »*. Un rêve dont la mission de « garde du corps du sommeil » a échoué.

Quoi qu'il en soit, le cauchemar a des retentissements physiologiques : l'enregistrement d'un sujet pendant un cauchemar montre en effet une accélération de son rythme cardiaque et de son rythme respiratoire pendant le sommeil paradoxal, trois minutes avant le réveil, et lorsque celui-ci survient, une pâleur, des sueurs et une dilatation des pupilles, réactions secondaires à la libération d'adrénaline, une hormone secrétée en cas d'« urgence ». En revanche (contrairement à d'autres troubles du sommeil évoqués plus haut), si le sujet pleure pendant son cauchemar, il se réveillera généralement les yeux secs, et s'il crie en cauchemar, son cri sera inaudible ou s'apparentera à un gémissement.

Nous avons tous, d'une manière ou d'une autre, fait l'expérience d'un cauchemar, parfois même de façon régulière, voire fréquente (ceux-ci ne représenteraient cependant que +/– 5 % des rêves, études à l'appui), sans qu'il y ait forcément de troubles psychologiques sous-jacents. En revanche, les cauchemars sont particulièrement récurrents chez les personnes victimes d'un choc psychique majeur. Les cauchemars font partie intégrante du trouble de stress post-traumatique (PTSD ou *Post-Traumatic Stress Disorder*), qui comporte aussi des insomnies, des flash-backs de l'événement et une activation anormale et continue du système d'alerte de l'organisme, qui fonctionne avec l'adrénaline. Dans ses cauchemars, le sujet revit en boucle la scène traumatique, sous sa forme initiale ou modifiée.

En voici un témoignage émouvant... Branko, de nationalité croate, a combattu durant le conflit en ex-Yougoslavie. Rencontré il y a quelques années, il a accueilli la journaliste que je suis dans sa famille pour témoigner. Difficile pour lui de parler... Alors, il envoie son fils chercher une photo. Il y pose devant des ruines, un béret vissé sur la tête. Je reconnais le béret des Tchetniks, les miliciens serbes. Et l'homme de répéter en boucle : *« Je n'avais pas le choix... C'était lui ou moi ! »* Depuis toutes ces années, souffrant d'un syndrome post-traumatique sévère, ce père de famille n'a jamais réussi à renouer avec une vie normale, ni avec un travail. *« Je ne dors quasi plus ! Et lorsque je finis par m'endormir, je fais des cauchemars récurrents où je revois tout en boucle : les maisons éventrées, les tirs, les morts, les yeux remplis de terreur... »* La plupart de ces vétérans, devenus quasi des parias dans la société actuelle, ne sont pas suivis par des spécialistes de l'accompagnement post-traumatique. Branko, lui, a trouvé du réconfort... en créant, avec un autre ex-soldat, des spectacles de marionnettes pour enfants handicapés. *« Grâce à ça, mais surtout grâce au soutien de ma famille, je parviens de nouveau à sourire un peu à la vie, mais les cauchemars ne s'arrêtent pas pour autant... même s'ils sont moins réguliers et qu'ils évoluent »*, confie-t-il.

Ce sommeil blessé permet d'évoquer des études étonnantes dédiées au processus de résilience – cette fameuse aptitude, popularisée par le psychiatre Boris Cyrulnik, à poursuivre son développement, à s'épanouir, voire à métamorphoser l'adversité en opportunité, malgré la survenue d'un traumatisme. Selon ces études atypiques, le sommeil peut, contre toute attente, être une source de réparation pour le psycho-traumatisé…

Cela mérite des explications. Des études, menées notamment par Peretz Lavie, au Technion (Institut israélien de technologie) d'Haïfa, ont en effet permis de démontrer qu'un certain type de traitement (spontané et inconscient) des rêves pouvait contribuer à la guérison du trauma. *« Depuis William C. Dement, nous savons qu'un sujet réputé "normatif", réveillé en plein REM, rapporte un rêve dans 80 à 90 % des cas. Les études de Peretz Lavie ont montré, depuis, que les survivants de la Shoah non résilients (qui souffrent donc d'un PTSD) n'en relatent que dans 55 % des cas (plus de 25 % de moins que les sujets normatifs), et que les survivants résilients (qui ne souffrent donc pas d'un PTSD) n'en rapportent, eux, que dans 33 % des cas – soit 22 % de moins que les non-résilients, et plus de 47 % de moins que les normatifs »*, décrypte Roland Pec. L'interprétation de ces résultats (des plus étonnants) serait que l'effacement des rêves semble agir comme un mécanisme de défense psychologique, donc comme un élément significatif du processus de guérison. Telle une auto-thérapie ! Ce qui expliquerait que notre témoin Branko, qui est non résilient (puisque souffrant d'un PTSD) se souvienne régulièrement de ses cauchemars traumatiques…

Dans *L'Héritage nu*[1], le romancier et poète israélien Aharon Appelfeld, rescapé à de multiples reprises (des pogroms, du ghetto, d'un camp de concentration, puis de la forêt où il trouva refuge après son évasion) témoigne : *« Bien sûr, il y avait les rêves, torturants… Mais l'instinct*

1. Aharon Appelfeld, *L'Héritage nu*, Éditions de l'Olivier, 2006.

d'oublier, si on peut l'appeler ainsi, finit par s'emparer de nous et, miraculeusement, nous cessâmes aussi de rêver. »

Une chose est sûre : les sujets cauchemardeux finissent par redouter de s'endormir et les somnifères, les médicaments contre l'anxiété et les neuroleptiques n'ont aucune action sur leurs cauchemars. Récemment, les équipes – essentiellement américaines – qui travaillent sur le syndrome de stress post-traumatique des vétérans de la guerre du Vietnam ou du Golfe, ont montré que les médicaments qui bloquent certains récepteurs de l'adrénaline réduisent les cauchemars et en rendent le contenu plus supportable. *« Cette action est d'autant plus subtile que le blocage d'autres récepteurs de l'adrénaline par des médicaments très couramment utilisés en cardiologie contre l'infarctus et l'hypertension peut provoquer des cauchemars chez n'importe qui »*, fait remarquer la neurologue Isabelle Arnulf[1].

Il vient aussi d'être démontré que les patients qui souffrent d'apnée du sommeil avaient plus de cauchemars et de rêves où ils étaient mis en difficulté que les autres sujets. Enfin, les cauchemars sont plus fréquents, apparemment, chez l'enfant et chez les filles.

Que faire alors de nos cauchemars ? La tentation est grande de souffler dessus au réveil pour qu'ils disparaissent et effacent leur trace innommable de nos souvenirs. Pourtant, ils nous (r)enseignent : ils peuvent nous permettre de prendre conscience que quelque chose menace notre équilibre émotionnel et psychologique.

« Il n'y a pas de mauvais rêves », tempérait le Bouddha. Pour la psychanalyste Anne Dufourmantelle : *« Il est mieux d'accueillir un cauchemar que de ne pas l'accueillir du*

1. Isabelle Arnulf, *Comment rêvons-nous ?*, *op. cit.*, p. 54-55.

tout… même si vous n'avez aucune envie de vous le rappeler ! » Les cauchemars nous permettent une mise en lumière des messages de l'inconscient destinés au conscient et nous invitent à une traversée… Bien sûr, aller y voir exige un certain courage ! *« La ligne de rêve est une ligne de front. D'une guerre inconnue, il est le messager. Aller à la rencontre d'un rêve, c'est accepter de traverser les lignes ennemies avant de pouvoir faire alliance… Ici, la ligne de front est la recherche de la vérité. Parce que le rêve en déplace radicalement la question. Il y fait signe par d'autres voies que celles que le rêveur mobilise habituellement dans sa vie : les raisons qu'il donne à ses choix, à ses désirs, ses craintes. La vérité, c'est toujours ce qu'on peut craindre de pire. L'ouverture à laquelle elle nous appelle met à terre nos alibis, excuses, idioties : elle nous terrifie. C'est pour cette raison même que le cauchemar, épreuve de terreur, doit être appréhendé, non comme le contraire même de la vérité, mais comme sa traduction la plus directe »*, proclame Anne Dufourmantelle[1].

D'après le psychologue finlandais Antti Revonsuo, le nombre élevé de rêves négatifs, de bagarre, de conflits, la nécessité d'échapper à des dangers ou à une mort imminente, chez tous les êtres humains, même chez ceux ne souffrant d'aucun problème psychologique ou d'aucune maladie du sommeil sous-jacents, joueraient un rôle utile pour l'espèce humaine : celui d'un entraînement virtuel nocturne, en sécurité dans son lit, pour pouvoir faire face à toutes sortes de dangers. Cet entraînement serait de bonne qualité, car les émotions associées aux rêves et cauchemars sont intenses, la représentation de la situation dangereuse très crédible, souvent en trois dimen-

1. Anne Dufourmantelle, *Intelligence du rêve, op. cit.*, p. 23-24.

sions, avec sons, images et sensations corporelles comme en réalité ; en outre, le rêveur y croit dur comme fer, beaucoup plus que lorsqu'il regarde un film ou lorsqu'il imagine, les yeux fermés, la même situation[1]. Une anticipation virtuelle, en quelque sorte…

Quoi qu'il en soit, de nombreuses approches permettent d'explorer les cauchemars, afin de comprendre ce qu'ils cherchent à nous dire… jusqu'à les faire disparaître de nos scénarios oniriques.

Depuis l'Antiquité grecque, le « nettoyage du rêve » fait partie intégrante du travail onirique. Ainsi dit-on à cette époque qu'il faut faire attention au « gluant » de certains rêves négatifs. Le rêveur est alors chaudement invité à grimper seul sur une colline et à raconter son songe négatif au soleil. Une manière symbolique de se débarrasser de ses cauchemars… Un peu comme si on le racontait devant les toilettes : en tirant la chasse d'eau, il s'évacuerait de notre mémoire[2].

Mais bien d'autres outils récents ont fait leurs preuves. Ainsi, l'hypnothérapie est-elle un des moyens efficaces pour bien interpréter le message de l'inconscient, transmis par le biais du cauchemar. De cette manière, on peut parvenir à résoudre une situation problématique et rétablir l'équilibre. En fait, l'hypnose fonctionne en mobilisant les ressources intérieures de changement. Cette thérapie s'appuie sur la capacité de l'être humain à développer les solutions – intuitives, créatives et opérantes – dont il a besoin, en permettant une extraordinaire communication entre l'esprit et le corps, sans

1. Isabelle Arnulf, *Une fenêtre ouverte sur les rêves*, *op. cit.*, p. 214-215.
2. Conférence INREES avec Tobie Nathan, *À quoi sert le rêve ? op. cit.*

passer par l'intellect. Ce qui s'avère salutaire quand on s'attaque aux cauchemars !

L'EMDR se révèle également pertinente pour traiter les cauchemars récurrents, surtout lorsqu'ils s'inscrivent dans un syndrome de stress post-traumatique. En effet, après un traumatisme psychique (guerre, viol, accident, attentat, cataclysme, etc.), il n'est pas rare – comme on l'a vu plus haut avec le témoignage de Branko – que les informations liées au vécu traumatisant ne puissent pas être traitées par le cerveau et ne soient dès lors pas intégrées au vécu du patient. Ce qui explique en grande partie les symptômes, dont font partie les cauchemars récurrents. L'EMDR (pour *Eye Movement Desensitization and Reprocessing* ou « Désensibilisation et reprogrammation par des mouvements des yeux »), créée par Francine Shapiro et appliquée avec succès sur les vétérans de la guerre du Vietnam, travaille principalement à l'aide de mouvements oculaires alternatifs (ou d'autres stimulations bilatérales, comme des tapotements et des sons). Cette approche opère une restructuration positive, une désensibilisation au traumatisme, donc une nette diminution des symptômes désagréables – cauchemars y compris.

L'effet exact de la stimulation bilatérale est toujours l'objet d'une recherche active. Il est cependant intéressant de noter que, parmi les hypothèses couramment évoquées, figure le fait que l'EMDR permettrait le retraitement de l'information, selon un processus semblable à ce qui se déroule précisément durant le sommeil paradoxal (dit REM, *Rapid Eye Movement*) ; phase où le rêve permet de revivre, dans toute la sensorialité, des souvenirs à trier et « retraiter », en établissant des liens signifiants avec des éléments déjà stockés dans notre cerveau.

« La thérapie reproduit sans doute des mécanismes proches et stimule probablement le transfert d'informations entre différentes parties du cerveau (entre l'hippocampe et le cortex) : en établissant des liens associatifs entre les infos bloquées d'un souvenir traumatique et des éléments entreposés dans notre banque de données », précise Évelyne Josse[1]. L'EMDR induirait donc des mécanismes neurobiologiques permettant de métaboliser des souvenirs traumatiques… et de lever les cauchemars récurrents qui s'y rapportent.

L'entraînement au rêve lucide est également utilisé pour lever les cauchemars (voir les autres parties dédiées au rêve lucide). En développant la conscience que l'on est en train de rêver, en apprenant à se réveiller au creux du cauchemar (pour y échapper) ou à *agir* sur le scénario, les personnes peuvent se réconcilier avec Morphée et apaiser quelque peu leur sommeil. Car affronter en conscience ses cauchemars, c'est bien souvent les dissoudre. *« Faites ce dont vous avez le plus peur, et la mort de la peur est certaine »*, écrivait ainsi Mark Twain…

« J'ai eu le cas d'une femme qui rêvait souvent que le diable était à côté d'elle, dans son lit. Elle était terrifiée et s'enfuyait. Mais quand elle put réaliser qu'il s'agissait d'un rêve, elle le regarda. Et elle vit qu'il s'agissait en fait d'un homme. C'est la peur qui créait le monstre. La menace et la peur s'évanouirent. J'aime définir les rêves comme des sentiments dans des images en mouvement. Quand le sentiment change, l'image change », explique la psychothérapeute Brigitte Holzinger, de l'Institut pour la recherche du rêve et de la conscience, qui propose des ateliers pour s'éveiller à

1. En entretien. Évelyne Josse est vice-présidente de l'association EMDR-Belgique.

la lucidité au cœur du rêve[1]. Dans ce cas, le sentiment de cette « rêveuse » était la peur, qui était incarnée par la figure du diable. Quand cette femme prit son courage à deux mains pour regarder sa peur en face, sous les traits du diable, la curiosité remplaça la peur : Qui est-ce ? Qu'est-ce que cette chose veut de moi ? Et Brigitte Holzinger de préciser que la peur laissa place à quelque chose d'agréable : *« Un partenaire érotique, je suppose… »*

La technique du rêve éveillé libre est une autre voie indiquée dans la « chasse » aux cauchemars récurrents. Elle permet, entre autres, de pousser à l'état vigile un scénario de rêve, en l'occurrence cauchemardesque. *« Un patient refaisait sans cesse le même cauchemar traumatisant : il roule derrière un tram et, trop impatient, il le double… lorsqu'un enfant surgit, et il manque de l'écraser. En rêve éveillé, ce patient pousse son cauchemar librement et il change totalement le scénario, tout en conservant la structure du rêve : en fait, il se voit dépasser le tram, écraser l'enfant qui valse en l'air… et on le félicite ! Normal, il travaille pour une société de crash test. L'enfant est un mannequin, et grâce à lui, des vies vont être sauvées ! La scène recouvre alors visuellement un sens pour le patient… et il a été débarrassé de son cauchemar récurrent, du jour au lendemain »*, raconte Roland Pec[2].

Parler des cauchemars, c'est immanquablement évoquer les cauchemars d'enfant, dont on sait qu'ils sont plus courants que chez l'adulte… Encore très branchés sur la puissance évocatrice de l'imaginaire, les enfants rêvent « fort ». C'est l'époque des cauchemars, voire des terreurs nocturnes, dont ils se réveillent en ne sachant pas

1. *Inexploré*, n° 10, *op. cit.*, p. 46.
2. En entretien.

très bien où s'arrête le rêve et óu commence le réel… On peut les aider utilement en leur parlant. En leur expliquant la différence entre rêve et réalité. *« Invitez-les à dessiner, à mettre en forme leurs cauchemars, à dialoguer avec les différents personnages, à les faire parler. Si un enfant rêve qu'il est dévoré par des crabes, demandez-lui ce qu'il veut leur dire à ces crabes. Expliquez-lui qu'on peut changer les images. C'est lui donner la permission de retourner à sa créativité »*, conseille Monique Tiberghien[1].

L'occasion d'évoquer des dispositifs « anticauchemars » nés dans les sociétés traditionnelles. Nous connaissons bien à présent, sous nos latitudes, le fameux *dreamcatcher* (ou « capteur de rêve ») qui permet d'attirer les bons rêves et de retenir dans ses filets les mauvais songes. Appelé *asubakatchin*, dans le langage des Ojibwés – le peuple amérindien qui l'a inventé, ce cerceau en bois, de diamètre variable, recouvert d'un ruban de tissu ou de cuir, le plus souvent cerclé de plumes, est noué en sa partie interne d'un entrelacs de cordes, le faisant ressembler à une toile d'araignée. Le principe est simple : d'une part, le capteur attire, au profit du dormeur (surtout du *papoose*, l'enfant), les bons rêves venant à passer par là. À l'aide, notamment, d'une pierre de couleur sertie en son centre. D'autre part, il retient dans sa toile les mauvais rêves qui, autrement, s'infiltreraient dans l'esprit du dormeur. Ces rêves négatifs, prisonniers du capteur, seraient, dit-on rituellement, finalement brûlés par les premières lueurs de l'aube… Bon à savoir : pour remplir correctement son office, le capteur aura intérêt à être suspendu près de la couche du dormeur, tout en étant

1. En entretien.

à portée du lever du soleil. Idéalement, donc, entre la tête du lit et la fenêtre la plus proche…

Les poupées du Guatemala offrent une alternative au *dreamcatcher*. Ces « poupées-tracas », comme on les appelle, se présentent sous la forme de cinq à dix très petites poupées, de chiffon et de bois, le plus souvent glissées dans une housse, en guise de lit[1]. Avant d'aller se coucher, les enfants sont invités à glisser leurs poupées sous l'oreiller. Mais pas avant de leur avoir confié leurs soucis, inquiétudes et autres préoccupations, afin de s'en débarrasser. Privés de leur « terreau », les cauchemars perdent ainsi tous leurs moyens… et ils ne viennent plus enquiquiner nos bambins.

Roland Pec recycle ainsi ces poupées du Guatemala en « outil thérapeutique ». Il conseille d'inviter les enfants à fabriquer leurs propres poupées-tracas. Idéalement, avec du tissu en provenance du Guatemala… *« Voilà bien des interventions thérapeutiques qui ne "pathologisent" pas le problème – en l'occurrence le cauchemar ! Qui ne se substituent pas à la créativité de l'enfant. Qui lui restituent, tout au contraire, une possibilité de maîtriser sa vie affective »*, souligne le thérapeute, qui possède lui-même une sacrée collection de ces « poupées-tracas », rapportées pour la plupart par des patients.

Inutile de dire que ces dispositifs, s'ils sont particulièrement bien adaptés aux enfants, conviendront très bien aussi aux grands enfants que nous sommes tous restés… surtout face aux cauchemars, qui nous renvoient à nos peurs archaïques !

1. En Europe, les poupées-tracas ont été popularisées par l'illustrateur pour enfants Anthony Browne, à travers son très beau livre, qu'on ne saurait trop recommander pour lutter contre les cauchemars, *Billy se bile*, L'École des loisirs, 2008.

Pour un sommeil de rêve

Afin que nos nuits soient (au moins) aussi belles que nos jours, et fassent le doux « lit » de nos rêves, il n'est pas inutile de prendre soin du sommeil. Ce sera donc l'ultime section, et non des moindres, de cet ouvrage !

Entre autres outils, la toute jeune science de la somnothérapie délivre des conseils pour mieux dormir… donc, par rebond, entretenir la vie onirique. Cette ultime section est donc un corollaire non accessoire à tout ce qui précède.

Savez-vous qu'à 75 ans nous aurons dormi… vingt-cinq ans ?! Soit un tiers de notre vie. Enfin, si tout va bien. Car nous sommes de plus en plus nombreux à nous plaindre d'un mauvais sommeil. L'insomnie, quant à elle, concernerait près de 15 à 20 % des adultes dans les pays occidentaux.

Petit préalable indispensable : quand on évoque et surtout lorsqu'on souffre de problèmes de sommeil, le sujet vire vite à l'obsession… ce qui, jour après jour, peut nous éloigner d'autant plus d'un bon sommeil. De l'importance d'informer sur le sujet et de dédramatiser : *« Le souci avec l'insomnie, c'est qu'on en fait vite tout un fromage, ce qui a pour effet de nous crisper… et de faire le lit de l'insomnie »*, observe Roland Pec, chronothérapeute, cofondateur du Centre d'études des troubles du sommeil (cf. p. 20, note 1), qui est déjà largement intervenu dans cet ouvrage[1]. Il y a une marge, donc,

1. En entretien. Pour approfondir ce sujet, voir www.rolandpec.org – outre infos et conseils, on y trouve le logiciel de chronothérapie

entre ceux pour qui la nuit est un cauchemar récurrent (insomniaques chroniques) et les dormeurs au sommeil fragile qui, épisodiquement, ont quelques contentieux avec Morphée. Quand peut-on dire, alors, que l'on est véritablement insomniaque ? *« C'est simple : n'est insomniaque que celui qui dort mal durant la nuit, avec des répercussions diurnes. Si je dors peu, mais que je me sens en forme la journée, je suis un petit dormeur (nous ne sommes pas égaux face au sommeil). Être un petit dormeur n'a rien de pathologique ; c'est souvent conditionné par une horloge biologique génétique. En fait, la pépite, c'est le sommeil profond (déficitaire chez les insomniaques). J'ai l'habitude de dire que Thomas Edison n'avait besoin que de quatre heures trente de sommeil, et cela ne l'empêchait pas d'être une lumière »*, précise Roland Pec, qui se passionne pour le sommeil, *« face cachée de notre existence »*.

Ce dernier rappelle que le sommeil est resté très longtemps une *terra incognita*. Pour explorer cette terre inconnue, la somnologie – qui étudie le fonctionnement psychologique et physiologique, durant cette phase spécifique du sommeil – dispose aujourd'hui d'outils exploratoires de pointe. *« En outil phare, nous avons les enregistrements polysomnographiques. Tels des satellites prenant des "photos" de la face cachée de la Lune (on enregistre, durant le sommeil, l'activité du cerveau, des yeux, du cœur, le taux d'oxygène, les mouvements des membres), ils ont permis de mettre au jour des états psychophysiologiques totalement différents de ceux de l'éveil, pouvant être la source*

---

en ligne conçu par Roland Pec pour « rephaser » l'horloge biologique de manière personnalisée et lutter contre les troubles circadiens (travail de nuit, décalage horaire).

de pathologies qui n'existent pas à l'état vigile. Ces pathologies altèrent la quantité et la qualité du sommeil, abîment la qualité de vie et mettent souvent la santé en danger, parfois même la vie », détaille Roland Pec.

Les causes d'un sommeil perturbé sont multiples (anxiété, dépression, ronflements, apnées, nuisances environnementales, etc.), s'entrecroisent et jouent parfois au serpent qui se mord la queue : je suis anxieux, je dors mal… et comme je dors mal, je suis encore plus anxieux, etc. *« Prenez un piano : il y a 88 touches sur le clavier… Eh bien, on recense 88 troubles du sommeil ! L'insomnie – la difficulté à initier ou à maintenir le sommeil - n'en est qu'un aspect, et est le seul trouble du sommeil. Les autres sont souvent des troubles qui ont lieu pendant le sommeil. Parmi les plus connus et les plus fréquents, il y a les apnées du sommeil qui peuvent provoquer des centaines, voire des milliers de micro-réveils. Ce syndrome stresse le cœur et les vaisseaux sanguins. Après huit ans de syndrome sévère, on multiplie par vingt-trois le risque d'attaque cérébrale ou de pathologie cardiaque (plus le sujet est jeune, plus le risque est fort). Autre trouble fréquent, le syndrome des mouvements périodiques des membres (le pendant nocturne du syndrome des jambes sans repos ; si on souffre de ce dernier, on a 90 % de chance d'avoir la version "nocturne"… mais ce n'est pas vrai dans l'autre sens). En provoquant des micro-réveils, ces contractions musculaires cycliques peuvent "casser" le sommeil, avec également des effets délétères sur le cœur et les vaisseaux sanguins. Ces troubles, parmi d'autres, favorisent en outre la prise de poids et le diabète »*, éclaire Roland Pec.

Ce sommeil miné peut s'accompagner de cauchemars, nuisant encore davantage à la qualité du sommeil. Notre mode de vie contemporain n'arrange rien : stress, déphasage de nos rythmes biologiques, déséquilibre de l'hygiène de vie et hyperconnectivité, à l'appui. *« En général et partout dans le monde, les personnes ont tendance à dormir plutôt moins qu'il y a cinq ans : 35 % pensent dormir moins, 14 % davantage et 51 % autant. En France, 44 % des personnes interrogées dorment moins qu'il y a cinq ans »*, explique le Dr Damien Léger, chef d'unité au Centre du sommeil et de la vigilance, à l'Hôtel-Dieu, à Paris[1].

Or, comme le fait remarquer l'écrivain Christian Bobin : *« C'est toujours par le sommeil que les grandes choses commencent. »* De grandes choses qui, nous l'avons vu tout au long de ces pages, peuvent (nous) être soufflées au creux de nos rêves, dans le songe d'une nuit apaisée !

Dans ces conditions, quand est-il pertinent de consulter un Centre d'études des troubles du sommeil ? *« On pense d'emblée à ceux qui se plaignent d'avoir un mauvais sommeil, mais là où l'outil somnologique est le plus indiqué, c'est pour les personnes qui disent : "C'est curieux, j'ai l'impression de bien dormir, pourtant durant la journée j'ai du mal à bien fonctionner : je suis fatigué, irritable, somnolent (pour rappel, la somnolence est responsable de 28 % des accidents de la route)..." Avec un brin de provocation, on peut dire qu'un problème de sommeil est avant tout un problème d'éveil. On va chercher, notamment via les enregistrements polysomnographiques, ce qui peut altérer le sommeil pour mettre en évidence la touche ou l'accord sur le clavier de piano qui pose problème, car souvent un trouble s'accompagne d'autres facteurs »*, précise le somnologue Roland Pec.

1. Damien Léger, *Bien dormir, enfin !*, First, 2006.

Pour mieux connaître le sommeil, il n'est pas inutile de revenir aux fondements. À nos rythmes essentiels, vitaux. Si déjà quatre siècles avant J.-C., Androsthène, scribe d'Alexandre le Grand, observe que les feuilles de certains arbres s'ouvrent pendant le jour et se ferment pendant la nuit, il faut attendre le XXe siècle pour que se développe réellement la chronobiologie. *« Cette voie de recherche, appliquée à l'homme, a pour objectif d'étudier les rythmes du corps. La chronobiologie enrichit notre compréhension tant de la physiologie que de la pathologie humaine »*, explique le Dr Éric Marsaudon[1]. La majeure partie de ces rythmes sont dits circadiens ; c'est-à-dire qu'un cycle dure +/– 24 heures (de 20 à 28 heures). Les rythmes sont réglés par des synchroniseurs, des « donneurs de temps ». Dont le plus signifiant est la lumière, venant marquer l'alternance jour/nuit.

Il faut savoir que l'organisme cherche toujours un équilibre temporel entre lui-même et le monde extérieur (l'horloge externe, géophysique). *« Normalement, les deux horloges sont synchronisées. Lorsque l'horloge interne n'est pas synchronisée avec l'horloge du mur, une situation pathologique en découle. Toute une gamme de troubles du sommeil, de l'éveil et de l'humeur est, en tout ou en partie, conditionnée soit par une désynchronisation entre l'horloge interne et l'horloge externe (désynchronisation externe), soit par une désynchronisation entre plusieurs rythmes internes (désynchronisation interne) »*, précise Roland Pec.

La chronothérapie a mis au point différents outils pour resynchroniser notre horloge biologique (comme

1. Éric Marsaudon, *Le Corps et ses rythmes. Initiation à la chronobiologie*, Dangles, 2002.

la luminothérapie, qui s'adresse aux personnes souffrant d'un trouble circadien, dont découlent de nombreuses insomnies).

Quant au sommeil, il est lui aussi composé de cycles, durant en moyenne quatre-vingt-dix minutes et comprenant deux types de sommeil en fonction de l'activité cérébrale qui les accompagne : le sommeil lent (activité cérébrale lente) et le sommeil rapide ou paradoxal, caractérisé par une activité cérébrale rapide. Nous avons vu, plus haut dans cet ouvrage, les détails de ces cycles et leur lien avec les rêves – nous n'allons donc pas revenir dessus.

À propos, existe-t-il une heure idéale pour plonger sous la couette ? Les spécialistes sont unanimes : c'est celle qui correspond au début de notre somnolence... et c'est différent pour chacun ! Il faut être attentif à sa propre nature et guetter le sifflet du chef de gare qui indique que le train du sommeil arrive à quai (paupières lourdes, bâillements, picotements, frissons...). Si on loupe le train, rien ne sert d'aller au lit : pour éviter de s'énerver, mieux vaut alors attendre le suivant qui se présentera... quatre-vingt-dix minutes plus tard.

Ce n'est également plus un secret pour personne, recherches scientifiques à l'appui : l'omniprésence des écrans dans notre quotidien a une incidence non négligeable sur le sommeil. Outre une hypersollicitation de notre attention (à éviter surtout aux heures proches du coucher), c'est la lumière « bleutée » émise par ces dispositifs qui agit, disent les spécialistes, sur notre horloge biologique. Une demi-heure suffit pour nous désynchroniser. *« Imaginez, il est vingt-deux heures, il fait noir...*

Or, votre œil rivé sur l'écran de l'ordinateur ou de la tablette, au lieu de dire au cerveau : "C'est la nuit", a toutes les raisons d'affirmer : "C'est le jour !" Du coup, la glande pinéale ne sécrète pas la mélatonine, comme elle devrait le faire. Cette horloge parlante, comme je l'appelle, est une clé qui ouvre la porte au sommeil », analyse Roland Pec. Il nous souffle une solution de secours, si l'on doit à tout prix travailler tard sur écran : chausser, à la nuit tombée… des lunettes solaires !

Dans le même ordre d'idées, il est nécessaire de privilégier une obscurité complète dans la chambre, surtout de minuit à trois heures du matin, pic de fonctionnement de la glande pinéale, qui fabrique, comme on vient de le voir, la mélatonine, « l'hormone du sommeil ». Du coup, si un enfant ne peut pas s'endormir sans veilleuse, on peut penser à installer une minuterie qui l'éteindra à minuit. Sans ça, même s'il dort, l'enfant risque d'avoir un sommeil peu réparateur… et deviendra de plus en plus agité durant la journée.

Difficile, lorsqu'on évoque les troubles du sommeil (et leur fréquent corollaire, les troubles de l'anxiété), de faire l'impasse sur la question de la consommation en hausse de médicaments, des somnifères aux anxiolytiques. Il semblerait que cela ait un impact sur la vie onirique…

Ainsi, plus précisément, *« l'utilisation récente et à grande échelle des médicaments antidépresseurs, qui augmentent la transmission nerveuse de la sérotonine (un messager cérébral qui joue un rôle important dans l'humeur, le comportement alimentaire, mais aussi dans la préparation du sommeil), a montré qu'il y avait sous traitement moins de sommeil paradoxal, moins de souvenirs de rêves, puis, au bout de quelques semaines de traitement, au contraire des rêves plus marquants, avec plus d'émotions, de sons, de bizarreries* », explique la neurologue Isabelle Arnulf[1]. Cela indiquerait que la sérotonine module l'expression des rêves ou au moins leur souvenir...

En cas de troubles du sommeil, il existe des solutions naturelles en dehors des somnifères. Le choix de ces approches – nombreuses, au demeurant – dépendra grandement de la nature des problématiques de sommeil (causes organiques, psychologiques).

Si, par exemple, c'est le terrain anxieux qui creuse le lit de l'insomnie, la réponse ne sera pas la même que si l'on est temporairement surmené. C'est pourquoi il est important de s'observer et... de se faire (bien) accompagner par un thérapeute, spécialisé dans son domaine, qu'il soit homéopathe, sophrologue, hypnothérapeute... (en coordination avec le médecin traitant).

Faisons, toutefois, un bref tour d'horizon de quelques approches, parmi d'autres, qui ont fait leurs preuves pour nous réconcilier avec la couette, donc aussi, d'une certaine manière, avec de possibles rêves !

Parmi les médecines douces, on épinglera bien sûr l'homéopathie. Il n'existe pas *un* traitement unique et passe-partout pour mieux dormir, mais des remèdes spécifiques en lien avec des symptômes précis, à déterminer avec l'homéopathe. Ainsi, à titre d'exemple, les anxieux souffrant d'insomnie pourront-ils recourir avantageusement à *Arsenicum album* 9 CH, alors que ceux qui ont vécu un choc émotionnel ou une contrariété renoueront avec le sommeil grâce à *Ignatia amara* 9 CH.

1. Isabelle Arnulf, *Comment rêvons-nous ?, op. cit.*, p. 45.

L'aromathérapie permet, elle aussi, de mieux dormir. Sur les conseils avisés d'un aromathérapeute (notez qu'il y a des précautions d'usage), vous pouvez également miser sur le pouvoir des huiles essentielles anti-insomnie, à l'image de la marjolaine à coquilles *(Origanum majorana)*, de la camomille romaine *(Chamaemelum nobile)* ou de la lavande vraie *(Lavandula angustifolia)*, etc.

On connaît aussi l'efficacité de l'acupuncture dans le traitement des troubles du sommeil, mais une approche spécifique – développée par la médecine tibétaine et se concentrant sur un point-clé situé au sommet du crâne – ferait, semble-t-il (témoignages à l'appui), des merveilles pour ces problématiques spécifiques : il s'agit de la thérapie de l'aiguille d'or. *« Ce point d'acupuncture, appelé Paé-Roé ou "Cent réunions", situé sur le méridien du vaisseau gouverneur (GV20) a le pouvoir de révéler la fatigue accumulée, permettant à notre système nerveux de s'en libérer »*, explique le Dr Dominique Lesuisse, qui pratique cette technique réalisée avec une aiguille en or 24 carats[1]. Il semblerait que le point Paé-Roé soit en lien avec l'épiphyse, la glande qui régule notre cycle veille/sommeil, notamment par le biais de la mélatonine. D'où un meilleur sommeil, et un meilleur équilibre… pourvoyeur d'un meilleur sommeil.

D'autres techniques visent à transformer le cercle vicieux (de l'insomnie qui finit par s'auto-entretenir) en cercle vertueux. Ainsi, quand aller au lit devient un cauchemar… de peur de ne pas dormir, la sophrologie peut se révéler d'un grand secours. Elle favorise

1. En entretien.

le relâchement musculaire et mental, et via des exercices spécifiques, elle propose, entre autres, une visualisation positive de l'endormissement, afin de couper court à ce qui mine notre confiance, à l'heure de trouver le sommeil. Jean Cocteau déclarait : *« Le sommeil n'est pas un lieu sûr. »* Pour certains, le sommeil n'a plus rien, en effet, d'un refuge. Pris dans une spirale infernale d'hypervigilance et d'hyperactivité intellectuelle, le manque de sommeil finit par provoquer un épuisement physique et moral.

Or, on sait à présent qu'on peut rendre fou quelqu'un en l'empêchant de dormir… et de rêver, puisque le rêve est nécessaire à l'équilibre de l'être ; *« les chambres de torture ont su user de ce pouvoir »*, fait remarquer la psychanalyste Anne Dufourmantelle… L'hypnose peut alors se révéler une thérapie efficace, mais elle est aussi indiquée pour les personnes désirant faire un sevrage progressif des hypnotiques. La technique d'hypnose vise, ici, à calmer l'anxiété par des suggestions de relaxation, puis à réaliser une rééducation au sommeil.

Au rayon des outils psychothérapeutiques, soulignons la pertinence, dans l'accompagnement des troubles du sommeil, des thérapies comportementales et cognitives (TCC). Celles-ci peuvent se dérouler en séances individuelles ou en groupe. Comme l'indique leur nom, elles vont principalement s'attaquer aux comportements nuisibles au sommeil, que l'insomniaque a développé peu à peu, avec pour but de les corriger. Le programme sur-mesure peut passer, par exemple, par une injonction paradoxale, telle que la privation (légère) de sommeil… pour mieux renouer avec le sommeil.

Enfin, plus spécifiquement en lien avec l'activité onirique, le travail du rêve – surtout s'il vire à l'obsession ou au cauchemar – peut également améliorer la qualité du sommeil… et, du coup, apaiser et embellir la vie onirique. Un travail du rêve largement développé dans les pages précédentes.

Enfin, pour clore (en beauté) ce chapitre, le somnologue Roland Pec confie quatre règles d'or pour renouer avec un sommeil de rêve, qu'il a extraites de son expérience des traitements non pharmacologiques utilisés dans le domaine de la somnologie (conseils accessoires, bien sûr, si l'on est un bon dormeur) : *« Tout d'abord, il s'agit de s'abstenir de regarder l'heure sur le réveil. Dormir, c'est faire, nuit après nuit, l'expérience de l'infini et de l'éternité ; il s'avère donc essentiel d'accepter le lâcher-prise. Cela permet aussi de faire taire les ruminations mentales, genre : "Vu l'heure, je n'ai donc dormi que ça !" ou "Vu l'heure, je n'ai plus que ça à dormir !", véritable serpent qui se mord la queue, puisque cela ne fait que nourrir l'insomnie. En deuxième lieu, afin de régler l'horloge biologique, il est important de se lever chaque jour à la même heure, week-end et congés y compris, et s'exposer à la lumière du jour ; au moins une heure, éventuellement au travers d'une fenêtre, mais sans lunettes solaires. En hiver, on peut avoir recours à la luminothérapie, et éventuellement à la mélatonine. Troisième règle d'or : faire chuter la température corporelle avant d'aller se coucher. Une idée est de prendre un bain chaud deux heures avant de se coucher (pour suer et se refroidir ensuite). Sachant que le sommeil est entraîné par la chute circadienne de la température corporelle (à 17 heures elle est de 37,2 °C, à*

5 heures de 36,2 °C), ce qui peut accentuer cette chute est bienvenu. Par contre, de récentes études montrent que la hausse de la température aux extrémités du corps entraîne aussi le sommeil (pensez à la bouillotte). Comme le dit avec humour un chercheur hollandais : "Pour s'endormir, il faut manger une glace sans la tenir en main, et tenir un thé chaud en main sans le boire !" Enfin, ultime conseil, prendre vingt minutes avant le coucher une légère collation sucrée (le glucose est pro-sommeil), contenant du tryptophane (lait, miel, bananes). Ce dernier est le précurseur biochimique de la sérotonine ; neurotransmetteur également impliqué dans le sommeil... et lui-même précurseur de la mélatonine, la clé du sommeil. Évitez par contre les protéines le soir ; elles ont une action pro-éveil. Et l'alcool, somnifère pervers, qui altère la qualité du sommeil après avoir favorisé l'endormissement. Mieux vaut aussi se passer de caféine après 14 heures. »

Après tous ces éclaircissements et conseils, le sommeil ne devrait, logiquement, plus être un cauchemar... mais un véritable rêve.

Or, comme *« les rêves sont la littérature du sommeil »* (*dixit* Jean Cocteau), gageons que prendre soin de notre sommeil nous permettra d'écrire de belles pages de songes... à lire et relire entre les lignes !

Rêver sur le rêve

Et si, à l'issue de cet ouvrage tissé d'onirisme, nous faisions un (ultime) rêve ?

Celui de nous éveiller à nos songes, levant le voile sur les coulisses de l'être…

Au gré de la trame des jours, *osons* accueillir cette aveuglante lumière, mâtinée d'ombre, qui, dans « l'éclipse du sommeil »[1], nous révèle à nous-même ! Tel un acte de résistance face au quotidien réducteur, dans lequel le rêve fait effraction.

C'est que le rêve possède ce formidable pouvoir de nous désenchaîner de nos conditionnements et de nos névroses. Rebelle par essence, il ne se plie pas à la loi toute-puissante du déni et défie la censure !

Dans ses replis sibyllins, le rêve souverain tente une percée de l'autre côté du miroir, dans les secrets refoulés et autres mystères de notre destinée. Ainsi, au creux de sa curieuse équation nocturne, le scénario onirique nous met-il en contact avec l'inconnue de l'existence. Cette part de rêve insondable qui transforme nos chemins existentiels en voyage aventureux dans l'énigme de la Vie. Si on lui prête attention, il peut nous délivrer des clés, puisées dans cet entre-ligne de l'inconscient. « *Il m'est arrivé de me coucher triste et en pleurs, mais dans mes rêves des apparitions des plus charmantes sont venues me consoler, et je me suis réveillé frais et joyeux* », déclarait, enthousiaste, Goethe.

Comme tant d'autres êtres humains au cours des temps, mettons-nous à l'écoute de ce que le génie du

1. Anne Dufourmantelle, *Éloge du risque*, Paris, Payot, 2011, p. 158.

rêve cherche à nous dire… Ainsi, pourrons-nous, peut-être, passer du songe au rêve éveillé d'une vie vécue en pleine conscience. Car, n'oublions pas : « *L'éveil est un saut en parachute hors du rêve* », poétisait Tomas Tranströmer, récemment disparu. Autant que la chute soit douce, créative… et lucide !

Alors, déployez les ailes de vos songes… et chevauchez la liberté.

À la beauté de vos rêves !

Bibliographie

ALLIX (Stéphane), BERNSTEIN (Paul) (ouvrage collectif, sous la direction de), *Manuel clinique des expériences extraordinaires*, Paris, INREES/InterEditions, 2009.

ALLIX (Stéphane), *La mort n'est pas une terre étrangère*, Paris, Albin Michel, 2011.

ARNULF (Isabelle), *Une Fenêtre sur les rêves : Neuropathologie et pathologies du sommeil*, Paris, Odile Jacob, 2014.

ARNULF (Isabelle), *Comment rêvons-nous ?*, Paris, Le Pommier, 2004.

BERGSON (Henri), *Le Rêve*, Paris, Petite Bibliothèque Payot, 2012.

BOUCHET (Christian M.), *Du rêve éveillé au rêve lucide*, Le Mercure Dauphinois, 2013.

BRESCIANI (Edda), *L'Égypte du rêve. Rêves, rêveurs et interprètes au temps des pharaons*, Paris, Payot, 2006.

CASTAÑEDA (Carlos), *L'Art de rêver. Les quatre portes de la perception de l'univers*, Paris, Pocket, 2013.

DALANÇON (Catherine), *Journal d'une rêveuse. Pratique du rêve lucide*, Grenoble, Le Mercure Dauphinois, 2013.

Degryse (Paul), *Le Chamanisme toltèque et le pouvoir de l'âme*, Paris, Dervy, 2013.

Descamps (Marc-Alain), *Les Rêves. Les comprendre et les diriger*, Escalquens, Dangles, 2006.

Dufourmantelle (Anne), *Intelligence du rêve, Fantasmes, apparitions, inspirations*, Paris, Manuels Payot, 2012.

Freud (Sigmund), *Sur le rêve*, Folio Essais, 1990.

Harary (Keith), *Lucid Dreams in 30 Days. The Creative Sleep Program*, St Martin's Press, 2007.

Jouvet (Michel), *De la science et des rêves, Mémoires d'un onirologue*, Paris, Odile Jacob, 2013.

Jouvet (Michel), *Le Sommeil et le Rêve*, Paris, Poches Odile Jacob, 2000.

Jung (Carl Gustav), *Sur l'interprétation des rêves*, Paris, Le Livre de Poche, 2000.

LaBerge (Stephen), *S'éveiller en rêvant. Introduction au rêve lucide*, Paris, Almora, 2008.

Léger (Damien), *Bien dormir, enfin !*, First, Paris, 2006.

Lembeye (Pierre), *L'homme descend du songe*, Paris, Buchet Chastel, 2005.

Morley (Charlie), *Dreams of Awakening, Lucid Dreaming and Mindfulness of Dream & Sleep*, London, Hay House, 2013.

Montangero (Jacques), *40 questions et réponses sur les rêves*, Paris, Odile Jacob, 2013.

Moss (Robert), *Le rêve actif. Voyage au-delà des pensées limitantes vers la liberté*, Paris, Véga, 2013.

Namkhai (Norbu), *Le Yoga du rêve*, Paris, Accarias L'Originel, 2012.

Nathan (Tobie), *La Nouvelle Interprétation des rêves*, Paris, Odile Jacob, 2011.

Renard (Hélène), *Dictionnaire des rêves*, Paris, Albin Michel, 1998.

Romey (Georges), *Le Rêve éveillé libre. Une nouvelle voie thérapeutique*, Paris, Dervy, 2010.

ROMEY (Georges), *Rêver pour renaître*, Paris, Robert Laffont, 2003.

VON FRANZ (Marie-Louise), *Les Rêves et la mort*, La Fontaine de Pierre, 2011.

VON FRANZ (Marie-Louise), *La Voie des rêves*, Entretiens avec Fraser Boa, La Fontaine de Pierre, 2008.

WANGYAL RINPOCHÉ (Tenzin), *Yogas tibétains du rêve et du sommeil*, Claire Lumière, 2001.

Sur Internet : *www.dreambank.net* (en anglais), banque de rêves qui consigne 20 000 récits de rêve.

Remerciements

Toute ma gratitude va à ceux et celles qui ont nourri cet ouvrage de leurs rêves et de leur connaissance de la vie onirique…

Tout d'abord, un chaleureux merci à Roland Pec pour son généreux et passionnant partage au cours de nos entretiens et pour la richesse inspirante des documents qu'il m'a transmis, faisant état de ses recherches sur le sommeil et le rêve. Un grand merci également à Anne Dufourmantelle, Monique Tiberghien, Tobie Nathan, Pierre Lembeye, le Pr Steven Laureys, Pierre Lemarquis, Paul Degryse, Jean-François Vézina, Michel Cazenave, Jean-Yves Quellec… Sans oublier l'équipe du magazine *Inexploré* (INREES), dont les articles sur l'univers du rêve ont été une source d'inspiration féconde.

Ma reconnaissance la plus vive va, par ailleurs, aux nombreux auteurs, chercheurs, médecins, psychanalystes, thérapeutes et spécialistes du rêve qui, par leurs écrits et leur expertise, m'ont permis de transformer le rêve d'un tel ouvrage en réalité.

Enfin, mes remerciements vont tout spécialement à Stéphane Allix, ainsi qu'à Florence Lecuyer et Jeanne Castoriano des éditions de La Martinière, qui m'ont offert cette *extraordinaire* opportunité d'explorer les songes.

Quant aux rêveurs qui se sont confiés, je sais à quel point partager le scénario de cette vie nocturne est infiniment intime… J'espère avoir été fidèle à leur parole. À leurs rêves.

J'allais oublier… Merci à mes rêves qui, depuis l'enfance, étoffent et éclairent mon cheminement personnel.

Gracias a la vida que me ha dado tanto…

Mercedes Sosa

Table

Pour aller plus loin...

Stéphane Allix est le fondateur de l'INREES, l'Institut de Recherche sur les Expériences Extraordinaires. L'INREES est aujourd'hui le premier et le seul organisme en France à aborder avec sérieux, et pour le grand public, ces sujets que nous qualifions d'extraordinaires, voire de *surnaturels*. En ces temps où des champs nouveaux de connaissances émergent, l'INREES offre ainsi un cadre pour parler de science et de spiritualité, des dernières recherches sur la conscience, de la vie, de la mort, et rapprocher de manière scientifique et rigoureuse le monde visible du monde invisible. Sans tabou, sans préjugé, avec rigueur et ouverture.

Découvrez sur www.inrees.com le plus vaste espace internet d'information rassemblant toutes les références scientifiques disponibles sur ces questions, des articles inédits, des vidéos et toute l'actu de l'extraordinaire.Parce qu'il est possible de s'intéresser à ces expériences que nous n'arrivons pas à expliquer tout en conservant les deux pieds sur terre. L'INREES, c'est aussi des conférences régulières avec les plus grands experts mondiaux, scientifiques, médecins, *expérienceurs*, etc. Disponibles intégralement en vidéo HD pour les abonnés sur www.inrees.com.

Département éditorial Art de vie

Réalisation : Nord Compo, à Villeneuve-d'Ascq

Achevé d'imprimer en mai 2015
par CPI Firmin-Didot à Mesnil-sur-l'Estrée
Dépôt légal : mai 2015. (125836)

Imprimé en France